당신이 행복입니다

월호 지음

월호 스님의
행복을 창조하는
10가지 비결

불광출판사

"행복은 미래의 목표가 아니라 현재의 선택이다"

프롤로그

지금 행복하십니까?

얼마 전 EBS 초대석에 출연했을 때, 진행자가 느닷없이 질문을 던졌다.
"지금 행복하십니까?"
이에 내가 서슴없이 대답했다.
"물론이지요. 더없이 행복합니다."
지금까지 각계의 종교인은 물론 많은 출연자들에게 이 질문을 던졌지만, 이처럼 서슴없이 확고한 표정과 말투로 진정 행복하다고 답한 이는 없었다고 한다.

내게도 어렵고 힘든 시절이 없었던 것은 아니다. 가까운 이들의 급작스러운 죽음으로 인한 정신적 공황 상태와 퇴사로 인한 경제적 어려움이 함께 몰려와 막막하기 짝이 없던 때가 있었다.

그러던 어느 날 홀로 한강변을 터덜터덜 걷고 있다가 어떤 낚시 가게의 창가 어항 속에 갇혀 있는 거북이 한 마리를 발견하였다. 왠지 처량한 내 신세와 닮은 것 같아 한참을 쳐다보다가 문득 그 거북이를 방생해주고 싶은 생각이 들었다. 당시 가진 돈을 탈탈 털어 거북이를 샀다. 그러고는 봉지에 담아 인적이 드문 강변으로 가서 잘 살기를 기원하며 물속에 놓아주었다. 거북이는 잠시 머뭇거리다 강 한가운데로 신나게 헤엄쳐 나가더니 얼마쯤 가서 머리를 돌려 내 쪽을 쳐다보았다.

"그래, 잘했다. 깊은 곳으로 가서 다시는 잡히지 말고 부디 잘 살아가거라."

그로부터 얼마 안 되어 지인에게서 느닷없이 연락이 왔다. 자신이 국제적 규모의 큰 행사 준비를 맡게 되었는데, 함께 일할 생각이 없느냐고. 보수도 괜찮았고 시간도 비교적 자유로웠다. 결국 함께 일하면서 경제적 어려움도 해소되었고, 국제 행사에 관한 많은 실무적 노하우도 알게 되었다. 그리고 여기서 맡은 바 소임을 성실하게 이행한 덕분에, 나중에 이 일이 끝나기도 전에 벌써 제2, 제3의 정식 일터를 추천받게 되었다. 어려운 처지에 놓인 한 생명을 살려주고자 마음을 낸 거북이 방생에서 비롯한 좋은 일들이 호박이 넝쿨 뻗듯 줄줄이 생긴 것이다.

결국 대학원 과정을 무난히 마치고 선禪에 관련된 연구 논문을 써서 석사와 박사 학위를 받았다. 그러고는 지리산 쌍계사로 출가하여 행자 생활과 강원 생활을 하게 되었다. 깊은 산속에서 몇 년간 하심 공부와 경전 공부에 전념할 수 있었던 것은 지금 생각해도 다행스러운 일이 아닐 수 없다.

사실 불교학으로 박사 학위를 받고 강의까지 하다가 출가했기에, 당시로서는 굳이 강원에 입방하지 않고 선원으로 직행해도 되는 상황이었다. 하지만 전통 방식으로 한문 경전을 차근차근 공부해보고 싶었다. 다행히 고매한 은사스님과 훌륭한 강사스님이 계셨기에 원 없이 한문 경전의 깊은 맛을 느끼고 나중에 전강까지 받게 되었던 것이다.

또한 많은 사람들이 큰방에서 함께 생활하는 대중생활은 나를 돌이켜보는 결정적 계기가 되었다. 출가 전, 나는 거의 사람들과 부딪히거나 싸운 적이 없어서 스스로 부드럽고 원만한 성품이라 여겼는데, 대중생활을 해보니 그게 아니었다. 그럴 만한 계기가 없었거나, 서로 피해갔기에 부딪치지 않았을 뿐임을 깨닫게 되었다. 당시 체험들은 지금 전법 활동을 하는 데 가장 큰 밑거름이 되고 있다.

그리고 그토록 꿈꾸었던 선방 체험을 하게 되었다. 인천 용화선원에서 시작하여 지리산 쌍계사, 희양산 봉암사, 가야산 해인사, 팔공산 동화사, 설악산 신흥사 등 천하 명산을 끼고 있는 유수의 선방에서 참선 수행을 하던 기간은 내 인생에서 가장 아름답고 진지했던 날들이었다. 걸망 한 자루에 모든 살림살이를 짊어지고 이곳에서 저곳으로 선방 대중들과 어울려 원 없이 참선했다.

결제 기간 중 안거 수행도 물론 좋았지만 특히 해제 기간 중 만행은 더없이 즐거웠다. 평상시 해보지 못한 해외 성지 순례도 이 기간 중 마음껏 다녔다. 인도 배낭여행은 물론이고 중국과 일본 성지 순례, 심지어는 미국과 유럽 여행도 이때 다녔다. 우리나라의 모든 국민들이 선방 체험을 한 철 석 달씩만 하게 해도, 수많은 소소한 문젯거리들이 저절로 해결되고, 국민 행복지수도 엄청 올라갈 것이다. 지나친 욕심과 개인주의로 인하여, 많은 소유에도 불구하고 결코 행복하지 않은 현대인들에게 진정 선방 체험을 권하고 싶다.

선방을 몇 년 다니다가 우연히 연이 닿아 해인사 강원에서 강사가 되었다. 한문 경전이 낯설어 졸기만 하는 젊은 학인스님들에게 영화를 비유로 설명했더니 눈이 반짝거렸다. 그때의 강의 자료를 모아서 『영화로 떠나는 불교 여행』이라는 책을 냈고, 이로 인해 방송국에 출연하는 계기가 되었다.

이후 불교방송에서 '당신이 주인공입니다'라는 프로그램을 진행하면서 열렬한 애청자들이 생겨나기 시작했다. 몇 년간 라디오 방송을 진행하면서 거의 격월간 행한 공개 방송은 매번 인산인해를 이루었다. 당시 거처하던 지리산 작은 암자 국사암에도 많은 사람들이 몰려들었다. 지금 와서 보니 그때가 전성기였다. 그 당시에는 그런 호황이 계속되리라 착각했다.

착각에서 깨어나 몇 년간 TV로 갔다 다시 라디오를 시작한 요사이는 그때에 비해 반응도 적고, 모여드는 대중도 많지 않다. 하지만 훨씬 더 행복하다. 왜 그럴까? 그때는 멋모르고 잘나갔고, 지금은 맛을 알기 때문이다. 법희선열의 맛!

방송에서 『법화경』을 독송하고 풀이할 수 있음에 정말 행복하다. 그동안 경전 강의와 수필집을 비롯한 많은 책을 출간하여 전법에 크게 도움이 되는 것도 행복하다. 강연 요청이 끊이지 않고, 강연을 듣고 즐거워하는 청중들을 보는 것이 더불어 행복하다. 무엇보다 몸과 마음을 관찰하는 관찰자를 발견한 것이 최상의 행복이다. 몸과 마음 변화하여 일어나고 사라지나, 관찰자는 여여부동 불생불멸 불구부정 부증불감이다. 우하하하하~! 어떠한 상황에서도 대면 관찰할 수 있는 평정심이 생겼으니 이보다 기쁠 수가 없다.

이 글을 읽고 있는 독자 여러분에게도 묻고 싶다.

"지금 행복하십니까?"

물론 여러 가지 소소한 행복도 있을 것이다. 하지만 진정한 행복을 위해서 그동안 필자의 체험을 바탕으로 정리한 열 가지 행복 창조 비결을 권하고 싶다.

1. 행복도 불행도 내 작품이다.
2. 내가 인因이요, 남이 연緣이다.
3. 구걸하지 말고 창조하자.
4. 바로 지금 여기에서 행복하자.
5. 나는 억세게 재수 좋은 사람이다.
6. 걸림돌이 디딤돌! 스트레스가 꽃을 피운다.
7. 모든 것은 한때다. 걱정할 시간에 관찰하자.
8. 리셋! 크고 밝고 둥글게
9. 나는 무한한 가능성을 갖고 있다. 스스로를 비교하자.
10. 수행은 연습이요, 생활이 실전이다.

『화엄경』에 '일체유심조一切唯心造'란 말이 있다. 모든 것은 마음으로 만든다. 달리 말하자면, 믿는 대로 체험한다는 뜻이다. 행복도 내 작품이라고 믿어야 내가 만들 수 있다. 하지만 나만 잘한다고 곧바로 행복해지기는 어렵다. 내가 인因이요, 남이 연緣이기 때문이다. 먼저 인을 충실히 하면서 연이 무르익기를 기다려야 한다.

행복이 내 작품이 아니고, 남의 작품 혹은 신의 뜻이라고 믿는 사람은 구걸밖에 할 수 없다. 구걸하는 마음 연습하면 거지 종이 되고, 베푸는 마음 연습하면 부자 주인이 된다. 구걸하지 말고 창조하자.

바로 지금 여기서 행복할 수 없다면, 언제 어디서 행복할 수 있으랴? 멀리 있는 행운을 좇지 말고, 가까이 있는 행복을 챙기는 것이 현명하다. 웃을 일이 생겨서 웃는 것은 누구나 할 수 있다. 먼저 웃음으로써 웃을 일이 생기게 만드는 것은 주인공만 할 수 있는 것이다. 스스로 재수가 더럽게 없다고 생각하면 재수가 없어진다. 스스로 재수 좋은 사람이라고 확신해야 재수가 좋아진다.

주변 상황은 단순히 돌일 뿐이다. 걸려 넘어지면 걸림돌, 딛고 일어서면 디딤돌이 된다. 난초도 스트레스를 받아야 꽃을 피운다. 스트레스가 없으면 진전도 없다. 모든 것은 한때다. 걱정 근심은 녀석임에 맡겨놓고, 나는 관찰하고 있을 뿐! 걱정 근심과 스트레스가 밀려오는 순간이 곧 수행의 찬스다.

"가세 가세 건너서 가세. 애착하면 못 가나니 몸과 마음 진짜 아니요,

관찰자가 진짜 나라네.

얼씨구절씨구 차차차! 지화자 좋구나 차차차! 대면 관찰! 행복 충만! 아니 가지는 못하리라 차차차!"

먼저 몸과 마음을 관찰하고, 궁극적으로 관찰자를 관찰하자. 이 관찰자야말로 본마음 참나이다. 크고 밝고 둥근 것이다. 텅 비었기에 무엇으로든 채울 수 있다. 무엇으로 채울 것인가? 내가 선택한다. 내 작품이다. 우리는 모두 무한한 가능성을 갖고 있다. 공연히 남들과 비교하며 시간을 낭비하지 말고 스스로를 비교하자. 어제의 나와 오늘의 나는 어떻게 다른가? 오늘의 나와 내일의 나는 어떻게 달라질 것인가?

수행은 연습이요, 생활이 실전이다. 일상생활을 떠난 곳에서 하는 수행은 다만 연습일 뿐! 생활 속에서 자신의 몸과 마음을 관찰하고, 관찰자를 관찰해야 한다. 그래서 결국 우리 모두가 둘이 아님을 깨닫고, 아는 만큼 전하고 가진 만큼 베풀며 살자. 전할수록 알게 되고, 베풀수록 갖게 되는 신비로운 체험을 하게 될 것이다.

그대의 행복을 그리며!
행불사문 월호 합장 배례

차
례

1 행복도 불행도 내 작품이다 | 16

2 내가 인因이요, 남이 연緣이다 | 36

3 구걸하지 말고 창조하자 | 62

4 바로 지금 여기에서 행복하자 | 80

5 나는 억세게 재수 좋은 사람이다 | 96

6 걸림돌이 디딤돌! 스트레스가 꽃을 피운다 | 110

7 모든 것은 한때다, 걱정할 시간에 관찰하자 | 126

8 리셋! 크고 밝고 둥글게 | 140

9 나는 무한한 가능성을 갖고 있다,
  스스로를 비교하자 | 156

10 수행은 연습이요, 생활이 실전이다 | 172

프롤로그 | 6
특강 | 190
에필로그 | 248

1장

행복도 불행도
내 작품이다

『꾸뻬 씨의 행복 여행』이라는 책이 있습니다. 영화로도 나왔지요. 꾸뻬 씨는 프랑스 파리 중심가에서 아주 잘나가는 정신과 의사입니다. 파리에서 직업도 확실하고 경제적 여유도 있고 사회적 지위도 있는 사람들이 주로 고객이었습니다.

꾸뻬 씨는 궁금했습니다. 매일 그런 고객들이 와서 상담을 하는데, 행복한 사람이 별로 없다는 것입니다. 흔히들 경제적으로 풍요롭고 사회적 지위도 있으면 행복할 거라 생각합니다. 그래서 '나는 돈이 없어서, 나는 사회적 지위가 없어서, 나는 뭐가 어때서…' 하며 행복하지 못한 핑계를 대는데, 그게 아니라는 것이지요.

꾸뻬 씨도 계속 불행한 사람들을 상담해 주다 보니까 자신 역시 행복하지 않다는 것을 알았습니다. 자신을 찾아오는 불행한 사람들을 어떤 치료로도 진정한 행복에 이르게 할 수 없음을 깨달았기 때문입니다.

마침내 꾸뻬 씨는 진료실 문을 닫고 행복을 찾으러 세계 여행을 떠납니다.

'행복이란 과연 무엇일까?'

꾸뻬 씨는 다양한 사람들을 만나 행복에 관해 연구하고 많은 어록을 작성하는데, 그중 중국에서 만난 한 노스님에게서 가장 중요한 교훈을 얻습니다. 그 노스님이 말한 핵심은, '행복은 미래의 목표가 아니다.'라는 것이었지요.

많은 사람들은 행복이 미래에 있다고 생각합니다.

'내가 좀 더 건강해지면, 좀 더 부자가 되면, 좀 더 주변 사람들이 나에게 잘해 주면… 언젠가 행복해질 거야.'

이렇게 행복을 미래의 목표로 삼는 순간, 바로 지금 나는 불행하다는 반증입니다. 따라서 행복은 미래의 목표가 아니라 현재의 선택입니다.

참선도 마찬가지입니다. 사람들 대부분이 '이렇게 열심히 수행하다 보면 언젠가는 깨달음을 얻겠지.' 하고 생각하는데, 이런 생각을 갖고 있는 한 깨달음을 얻을 수 없습니다. 왜 깨달음을 얻으려고 하는지 생각해 보세요. 우리가 행복해지기 위해서입니다. 깨달음을 얻는 것 자체가 궁극적 행복이라면, '행복은 미래의 목표가 아니라 현재의 선택이다.'라는 공식과 똑같습니다. 깨달음도 미래의 목표가 아니라 현재의 선택인 것입니다.

깨달음을 미래의 목표로 삼는 순간 지금 자신이 깨닫지 못했다는 소리입니다. 바로 중생이란 말이지요. 대승불교의 『서장』에서 중생지견衆生知見을 갖고 있는 한 절대 부처가 될 수 없다고 합니다. 부처가 되려면 불지견佛知見을 열어야 합니다. 『육조단경』에서 가장 중요한 단어도 바로 불지견입니다. 또 『법화경』을 사경하면 공덕이 크다고 하는 이유도 불지견을 가르쳐 주기 때문입니다. '나는 중생이니까 수행을 열심히 하다 보면 언젠가 부처가 되겠지.'라고 생각하면 안 됩니다. 이런 중생지견을 가지고 있으면 평생 중생이고, 불지견을 가지고 있으면 본래 부처이니까요. 지금까지 평생 중생인 줄 아는 사람은 잘해 봐야 신의 종이나 되면 최고인 줄 압니다. 그러나 불교에서는 신의 종이 아니라 신도 될 수 있고 신들의 스승인 부처도 될 수 있다고 합니다.

행불선원에서 "행불 하세요." 하는 인사법이야말로 불지견에서 하는 인사입니다. 또 "나는 본래 크고 밝고 완전하다."라고 강조하는 것도 불지견을 연습하는 것입니다. 이것은 단순한 인사법이 아니고 사상적 전환을 의미합니다.

제가 동국대 선학과 대학원을 다닐 때부터 "행불 하세요." 하고 다녔습니다. 30여 년 전이니, 그때는 사람들이 난생처음 들어 본 말일 겁니다. '내가 발음을 잘못 들었나?' 하고 생각했겠지요. 요즘은 제가 불교TV나 라디오 방송에서 자주 "행불 하세요." 하니까 사람들이 조금 알고 있습니다.

"성불 하세요." 하고 인사하는 것은 "부처 되세요."라는 소리입니다. 아직 중생이란 말이니 중생지견의 인사법입니다. 이것은 소승불교의 인사법이지 대승불교의 인사법이라 할 수 없습니다. 그래서 인사법부터 고쳐 나가야 합니다. 성불의 시대에서 행불의 시대로 넘어가서 한국 불교가 바뀌고 현대화되어야 합니다.

나는 내가 창조합니다.

지금 이 모습도 내 작품일 뿐!

내 작품이라고 확신해야 내가 바뀔 수 있네.

남의 탓을 하는 순간, 남의 작품이 되는 것을!

내 인생의 주인공이 되겠습니다.

스스로를 행복하게 만들겠습니다.

남들을 행복하게 해주겠습니다.

모든 생명이 행복해지기를!

행불의 노래입니다. '행불송'은 제가 부처님 말씀으로 지은 것입니다. '월호송!'이지요.

행복해지는 방법은 뭘까요? 특별한 방법이 없습니다. '행복해지자! 행복할 일이 생긴다.' 이것입니다. 바로 지금 여기에서 행복하면 행복해지는 것입니다. 그런데 자꾸 바로 지금 여기에서 행복하지가 않습니다. '왜? 돈 때문에? 남편 때문에? 애들 때문에? 몸이 아프기 때문에…' 머릿속에서 행복하지 않은 이유를 찾습니다. 자꾸 핑계를 대다 보니 점점 이유가 늘어만 가고 웃을 일이 없어집니다. 그러다 보니 표정도 점점 굳어집니다.

'행복도 불행도 내 작품이다.' 이런 생각이 행복으로 가는 첫 단추입니다. 이런 인식이 박혀야 행복해질 수 있습니다. 만약에 '남의 작품이다.'라고 생각하면 자신이 행복해지기 위해서 남을 바꿔야 합니다. 그런데 남을 바꾸기가 쉬운가요? 그래도 자신을 바꾸는 게 쉽습니다.

내 인생의 주인공이 되려면 내 작품이라 해야 하고, 내 인생의 엑스트라가 되려면 남의 작품이라고 해야 합니다. '나는 누구 때문에 거기 갈 것이고, 누구 때문에 하지 않을 거야.' 하고 남의 핑계를 대는 순간 그 사람한테 자기 운명의 열쇠를 쥐여 주는 것입니다. '네가 예쁘거나 밉거나 나는 여기 오고 말 거야.' 이것이 바로 행복의 열쇠를 자기가 쥐는 것입니다. 되도록 남의 탓을 하지 말아야 합니다. 남의 탓을 하는 순간 남의 작품이 됩니다.

그래서 부처님께 원을 할 때는 '부처님, 제가 제 인생의 주인공이 되겠습니다. 제가 건강하게 살겠습니다. 건강해질 수 있도록 적당히 먹고 운동도 열심히 하겠습니다.'라고 해야 합니다. 그런데 함부로 먹고 운동도 하지 않으면서, '건강하게 해주세요.' 하면 부처님께서 뭐라고 하겠어요? '네가 해라. 네 몫이 있고, 내 몫이 있다. 옆에서 도와줄 수 있다.' 이러세요. 예를 들어, 아이들이 공부하는데 엄마가 대신해 줄 수만 있다면 대신해 주고 싶을 겁니다. 공부 잘해서 좋은 학교에 가기를 원하니까요. 그렇지만 대신해 줄 수 있어요? 공부는 자기가 해야 합니다. 엄마는 공부할 수 있도록 분위기를 만들어 주고 동기부여를 해주며 거들 뿐입니다. 이것이 명확한 현실입니다.

절에 다니는 것은 주인공이 되려고 오는 것입니다. 부처님의 종이 되려고 오는 것이 아닙니다. 불교의 목표는 여러분이 모두 대자유인이 되는 것, 해탈입니다. 여러분은 정말 행운아라고 생각해야 합니다. 수많은 종교, 수많은 가르침이 있는데 부처님 법을 만났고, 그중에서도 정법을 만났으니까요. "기도하면 소원 성취됩니다." 하면 이것은 정법이 아니라 비법입니다. 내 인생의 주인공으로서 관찰하는 것이 정법입니다.

스스로 관찰할 수 있는 힘이나 능력이 없을 때는 기도해도 됩니다. 기도해서 힘을 얻어 관찰하고 공부하는 것이 주인공입니다. 주인공이 되어 '스스로를 행복하게 만들겠습니다.' 거기서 더 나아가 '남들을 행복하게 해주겠습니다.' 해 보세요. 만날 부처님께 '저를 행복하게 해주세요.' 하고 구걸했는데, 이제 베푸는 삶으로 신분이 바뀌는 것입니다.

코살라국의 산따띠 장관은 과거 생에 지은 공덕으로 부처님의 게송을 듣고 아라한이 된 사람입니다. 과거 생에 산따띠는 가난한 사람들을 보고 어떻게 하면 도와줄 수 있을까? 하고 생각했습니다. 처음에는 자기 재산을 풀어서 가난한 사람들에게 먹을 것을 주고 옷을 주고 돈을 주었습니다. 그런데 도와주고 돌아서면 한 달 있다가 또 도와줘야 하고…, 만날 똑같을 뿐 한도 끝도 없었지요. 게다가 감지덕지하던 사람들이 나중에는 10만 원 주다가 5만 원 주면 성질을 냈습니다. 거지 근성이 생겨난 겁니다.

산따띠는 그렇게 무작정 도와주는 것은 효과도 미미하고 그 사람의 인생을 바꿀 수 없다는 것을 깨닫고는 방법을 달리했습니다. 가난한 사람들이 자리 잡을 수 있도록 필요한 것을 지원해 주고, 그다음에 인식 전환을 시키기 위해 전법을 한 것입니다.

"스스로를 행복하게 만들겠습니다. 남들을 행복하게 해주겠습니다.

궁극적으로 모든 생명이 행복해지기를!"

　이와 같은 게송들을 낭송하는 것이었지요. 게송을 통해 '이 팔자에서 벗어나려면 내가 바뀌어야 되겠구나!' 하고 마음먹게 자극하고 동기부여를 해주었더니 효과를 보았다고 합니다.

　여기서 "궁극적으로 모든 생명이 행복해지기를!" 이 마음가짐이 매우 중요합니다. 모든 생명이 행복해져야 내가 행복해지는 것입니다. 왜냐하면 사실은 일체가 '나'입니다. 나 아닌 게 없습니다. 참나眞我는 무아無我요, 무아는 대아大我입니다. 이게 다 나입니다. 여러분도 나고, 나도 나고, 내 안에 나, 내 안에 너, 모두 나입니다. 그걸 알기 전까지는 이 몸뚱이만 난 줄 알고, 마음만 난 줄 압니다. 나중에 성품을 깨닫고 나면, '아, 불성인 나, 모든 게 불성인 나로구나!' 하고 알게 됩니다. 그래서 모든 생명이 행복해지기를 염원하고 노력하게 됩니다. 아무리 미운 사람이 있어도 원망하지 않습니다. 왜? 그것은 결국 자기 얼굴에 침 뱉기입니다.

　　죽기 직전에 부처님께
　　귀의한 공덕으로
　　천상에 태어난 맛타꾼달리

　　●

　　모든 것은 마음이 앞서가고

마음이 이끌어가고 마음으로 이루어진다.
깨끗한 마음으로 말하고 행동하면
행복이 저절로 따르리라.
마치 그림자가 몸을 따르듯이.

법구경의 두 번째 게송입니다. 부처님께서 이 게송을 설하시게 된 배경이 있습니다. 죽기 직전에 진심으로 부처님께 귀의한 공덕으로 천상에 신으로 태어난 맛타꾼달리의 일화입니다.

맛타꾼달리는 '조잡한 귀걸이를 한 아이'라는 뜻입니다. 아주 인색한 아버지가 아들에게 생일 선물로 금 귀걸이를 주고 싶은데, 금세공사에게 맡기면 비용이 많이 들 것이 뻔했습니다. 그래서 아버지는 세공비를 아끼려고 자기 손으로 직접 금 귀걸이를 만들어 아들에게 주었습니다. 말할 것도 없이 매우 조잡했지요. 그 뒤 아들은 '조잡한 귀걸이를 한 아이'로 불리게 되었습니다.

그런데 맛타꾼달리가 열여섯 살 되던 해, 황달에 걸리고 말았습니다. 병세가 점점 심해져 빨리 약을 써야 했습니다. 그러나 구두쇠 아버지는 의사에게 약을 지으면 비싸니까 약값을 아끼려고 자신이 직접 약을 지어야겠다고 마음먹었지요. 그때부터 아버지는 치료법을 공부하기 시작하여 시장에 나가 약재를 사 가지고 와서 직접 약을 지었습니다. 그러나 아이에게 약을 먹이려고 할 때는 이미 타이밍을 놓쳐 버린 뒤였습니다. 제때에 약을 먹이지 않아서 병이 깊어질 대로 깊어진 아이는 다 죽게 생겼습니다.

　이제 아버지는 아이가 집 안에서 죽게 되면 많은 사람들이 문상 오는 게 싫었습니다. 문상 온 사람들이 집 안에 들어와 자기가 잘사는 것을 보면, 그동안 자기가 얼마나 구두쇠였는지 욕할 것 같았습니다. 재산도 많은데 아이를 죽게 했으니 말입니다.

　'아예 사람들이 집에 들어오지 못하게 하자.'

　하고 아버지는 아이를 문 밖에 내놓았습니다.

　부처님께서는 아이가 죽음을 앞두고 문 밖에 누워 있다는 것을 아시고 그곳으로 가셨습니다. 부처님께서 아이에게 광명을 놓으시니, 집 안 쪽을 향하여 누워 있던 아이가 뒤돌아서 부처님을 보았습니다. 부처님은 보기만 해도 환희심이 난다고 합니다.

　부처님의 교화 방법에는 세 가지가 있습니다. 첫 번째, 위의威儀 교화입니다. 부처님의 모습만 보아도 '아, 부처님!' 하고 환희심이 나듯이, 중생들에게 말하지 않고도 모습을 보임으로써 깨달음을 주는 교화입니다. 두 번째, 설법 교화입니다. 말씀이나 게송을 읊어서 교화하는 것입니다. 세 번째, 신통 교화입니다. 신통력으로 교화시킨 사례들이 많이 있습니다.

　맛타꾼달리는 부처님을 보고 진심으로 "부처님께 귀의합니다." 하고는 죽었습니다.

　　　나모 땃사 바가와또 아라하또 삼먁삼붓다사

이것이 그 당시에 부처님께 귀의하는 방식이었습니다. '나모'는 '귀의합니다', '땃사'는 '지극히', '바가와또'는 '존귀하신', '아라하또'는 '공양 받을 만한', '삼먁삼붓다사'는 '바르게 두루 아시는 분께'라는 뜻입니다. 따라서 '지극히 존귀하시고 공양 받을 만하시고 바르게 두루 아시는 분께 귀의합니다.'라는 의미입니다. 이것을 '붓다완다나'라고 합니다.

여래 십호, 즉 여래의 열 가지 호칭이 있는데, ① 공양 받을 만한 분(아라하또), 응공應供, ② 바르게 두루 아시는 분(삼먁삼붓다사), 정변지正編知, ③ 지혜와 실천을 구족하신 분, 명행족明行足, ④ 피안으로 잘 가신 분, 선서善逝, ⑤ 세상을 잘 아는 분, 세간해世間解, ⑥ 가장 높으신 분, 무상사無上師, ⑦ 세상을 잘 길들이는 분, 조어장부調御丈夫, ⑧ 신과 인간의 스승, 천인사天人師, ⑨ 깨달으신 분, 불타佛陀, ⑩ 가장 존귀하신 분(바가와또), 세존世尊입니다.

"나모 땃사 바가와또 아라하또 삼먁삼붓다사"는 여래 십호 가운데 응공, 정변지, 세존 세 가지만 딴 것입니다. 여래 십호를 다 외우면 좋지만, 다 외우기 힘드니까 이 세 가지만이라도 외우기 바랍니다.

맛타꾼달리처럼 죽기 직전에 "나모 땃사 바가와또 아라하또 삼먁삼붓다사" 이것만 잘해도 천상에 태어날 수 있습니다. 그런데 이것을 기억하는 것도 쉬운 일이 아닙니다. "아이고, 내 새끼들 어떻게 사나, 내 돈은 누가 챙기나…" 이러는 순간 다 잊어버립니다. 그러면 다시 인간이나 축생으로 태어납니다. 죽고 나면 다 자기 업대로 가는 거니까 모두 놔버리고, "나모 땃사 바가와또 아라하또 삼먁삼붓다사"를 외워야 합니다. 범어라서 외우기 어려우면, "거룩한 부처님께 귀의합니다." 하면 됩니다.

마음의 초점을 어디에 맞추느냐가 굉장히 중요합니다. 마음은 초점을 맞추는 곳에 가기 때문입니다. TV 광고를 보니까, 어떤 여자가 강아지를 안고 아이스크림을 먹으며 걷고 있습니다. 같은 장면인데 사람마다 보는 게 다 다릅니다. 어떤 사람은 아이스크림만 보고, 어떤 사람은 그 여자의 구두만 보고, 어떤 사람은 강아지만 보고…, 자기 마음이 가는 것만 봅니다. 세상을 똑같이 사는 게 아니라 다 다른 세상을 살고 있다는 것입니다.

맛타꾼달리는 죽기 직전에 부처님한테 마음의 초점을 맞췄기 때문에 천상 세계에 올라갔습니다. 따라서 인생에서 아무리 어렵고 힘든 순간에도 마음의 초점을 맞출 줄 아는 게 매우 중요합니다. 그것을 배우는 게 불교입니다.

행복으로 가는 길,
행복경

●

천상의 신들이 모여 행복에 관해서 토론회를 벌였습니다.
"아, 진정한 행복이란 과연 뭘까?"
신들끼리 난상 토론을 하지만 결론이 나지 않았습니다. 그래서 신들의 왕인 제석천왕이 신들을 이끌고 부처님을 찾아왔습니다.

경전에 보면 한밤중에 부처님께서 숲에 계시는데 저 멀리서부터 환한 빛이 쫙 사방을 밝히며 공중에서 내려왔다고 합니다. 제석천왕이 맨 앞에 서고 신들이 뒤에 서서 부처님께 인사를 했습니다.

제석천왕이 부처님께 질문했습니다.

"부처님, 신들의 세계에서 행복에 대해 토론회가 벌어졌는데 결론이 나질 않습니다. 이것에 대해서 결론 지어 말씀해 주실 분은 부처님밖에 없습니다. 설해 주소서."

그때 부처님께서 행복에 관해 설해 주셨습니다. 그 경전이 바로『행복경』입니다. 37가지 행복에 대해 답해 주셨는데, 다음은 그중 두 가지입니다. 일상생활에서의 행복입니다.

> 어리석은 자와 사귀지 않고 현자와 가까이하고
> 존경할 만한 이를 존경하는 이것이 최상의 행복!
> 부모를 섬기고 처자식을 돌보고
> 평화로운 직업을 갖는 이것이 최상의 행복!

어리석은 자와 사귀지 않고 현명한 이와 가까이하는 것이 행복으로 가는 아주 중요한 방법이라고 합니다. 경전에 보면 백 년 동안 숲에서 신에게 제사 지내는 것보다 수다원과를 얻는 이에게 한 번이라도 존경에 대한 예를 표하는 것이 훨씬 더 값지다고 합니다. 그래서 수다원, 사다함, 아나함, 아라한 또는 보살도를 닦는 사람들을 가까이해야 합니다. 그래야 '아, 이런 차원의 세계도 있구나!' 하고 맛이라도 알게 되고, 자신도 감화되어 닮아 갑니다. 끼리끼리만 어울리면 그 수준에서 벗어날 수 없습니다.

부모를 섬기는 것은 최상의 행복입니다. 부모는 뿌리이고 자식은 열매입니다. 열매를 튼튼하게 하려면 뿌리에다 양분을 줘야 합니다. 그런데 요즘 젊은 여성들은 뿌리에는 양분을 주지 않고, 열매만 붙들고 씻고 닦고 난리법석입니다. 그러니까 열매가 손 타서 뭉개지고 떨어지고 부작용이 생깁니다. 부모를 섬기고 웃어른을 섬긴다는 것은 기본 공식입니다. 웃어른 중 최고의 웃어른은 부처님입니다.

재가자로 있으면서 의무를 다하는 일은 처자식을 돌보는 것입니다. 그래서 직업을 갖되 평화로운 직업을 가지라고 했습니다. 깨달음과 행복으로 인도해 주는 여덟 가지 바른 길, 팔정도에 나오는 '바른 생계'가 바로 평화로운 직업을 말합니다. 살생, 투도, 사음, 망어, 음주 등으로 먹고 사는 직업이 아니면 평화로운 직업입니다.

다이어트에 성공하여 행복한 빠세나디 왕

●

건강이 으뜸가는 이익이요

만족이 으뜸가는 재산이요
신뢰가 으뜸가는 친척이요
닙바나가 으뜸가는 행복이네.

법구경 204번째 게송입니다. 건강이야말로 최고의 미덕입니다. 건강하지 못하면 아무리 돈이 많은들 뭐 하겠어요? 마음대로 먹을 수가 있어요, 어디를 다닐 수가 있어요? 아무 소용없습니다.

재산 중에 최고의 재산은 만족할 줄 아는 것입니다. 그리고 제일 좋은 게 감지덕지입니다. '아, 내가 이 정도 온 것만으로도 감지덕지야. 부처님 은혜가 아니면 내가 어떻게 여기까지 올 수 있겠어.' 이렇게 생각하는 것이 만족입니다. 따라 해 보세요.

"지금 이렇게 생긴 것만으로도 감지덕지입니다.
지금 이렇게 사는 것만으로도 감지덕지입니다.
지금 이렇게 이 자리에 있는 것만으로도 감지덕지입니다.
더 이상 바라지 않겠습니다."

이런 말을 하는 순간 자기 마음이 풍족해질 것입니다. 만족할 줄 아는 마음이 풍족하게 만드는 것입니다.

신뢰야말로 최고의 친척입니다. '저 사람은 참 믿을 만해. 무슨 일이든 한다면 하는 사람이야.'라고 생각한다면 최상 가는 친척을 얻은 것입니다. 현대 사회는 신용 사회입니다. 신용을 잃으면 모든 것을 잃은 것과 같습니다. 말이나 행동에 믿음이 가는 사람이야말로 으뜸가는 친척입니다.

많은 사람들은 행복이 미래에 있다고 생각합니다.
행복을 미래의 목표로 삼는 순간
바로 지금 나는 불행하다는 반증입니다.
따라서 행복은 미래의 목표가 아니라
현재의 선택입니다.

행복에도 여러 가지가 있지만, 그중 최고의 행복이 '닙바나'입니다. 산스크리트 어로 '니르바나'이고, 한자로 음역하여 '열반'이라고 쓰는데, '완전 연소'라는 의미입니다. 몸뚱이도 완전 연소, 마음도 완전 연소되어, 몸뚱이도 무아, 마음도 무아인 것이 바로 니르바나입니다. 내가 없어지니까 나의 고통도 없어져서 고통이 완전히 사라진 상태, 닙바나야말로 최고의 행복입니다.

코살라국의 빠세나디 왕은 아주 대식가였다고 합니다. 밥을 양푼에 담아 먹을 만큼 엄청 많이 먹었다고 합니다. 게다가 왕이라서 맛있는 것은 다 먹었을 테니, 얼마나 살이 쪘겠어요. 배가 너무 나오고 허벅지에 살이 많아 다리를 구부리지 못할 지경이었습니다.

어느 날 빠세나디 왕이 부처님 앞에서 법문을 듣다가 꾸벅꾸벅 졸았습니다. 부처님께서 보다 못해 빠세나디 왕에게 한 말씀 하셨습니다.

"왜 그리 졸고 계십니까?"

"제가 밥을 먹고 나면 이렇게 식곤증에 시달린답니다."

"과식을 하니 괴로운 것이지요. 음식을 줄이면 몸이 편안해질 것입니다."

그러고는 부처님께서 가르침을 주셨습니다. 매일 밥을 지을 때 그 전날보다 쌀을 한 숟가락씩 덜어내어 밥 짓는 양을 조금씩조금씩 줄여가게 했습니다. 그리고 빠세나디 왕이 밥을 거의 다 먹을 때쯤, 신하가 옆에서 게송을 읊어 주게 했습니다.

부처님께서 다음과 같이 두 게송을 가르쳐 주셨습니다.

멍청하게 먹기만 하는 집돼지처럼
이리저리 뒹굴며 잠자는 어리석은 이는
계속해서 자궁에 들어감을 면치 못하리라.

언제나 마음을 챙겨서 음식을 절제하면
괴로움이 적어지고
목숨을 보존하여 천천히 늙어 간다.

밥을 거의 다 먹을 때쯤, "멍청하게 먹기만 하는 돼지처럼 살 것이냐? 음식을 절제해서 천천히 늙어 갈 것이냐?" 이런 게송을 들으면 밥맛이 떨어지겠지요. 자연스레 빠세나디 왕은 마지막 한 숟갈을 남겼습니다. 그렇게 점점 줄이는 게송 다이어트 요법을 꾸준히 한 결과, 빠세나디 왕은 굉장히 날씬해졌다고 합니다.

다이어트에 성공한 빠세나디 왕이 부처님께 와서 말했습니다.

"감사합니다. 부처님 덕분에 제가 이렇게 건강해졌습니다. 그동안 이웃 나라와 전쟁도 있었는데 평화롭게 잘 해결되어 만족하게 되었고, 부처님의 친족과 우리 왕족이 결혼도 하여 서로의 관계를 공고히 하게 되었습니다. 그래서 요즈음 저는 참 행복합니다."

그때 부처님께서 이 게송을 읊어 주신 것입니다.

"그렇군요. 지금 건강해졌지요? 그게 으뜸가는 이익입니다. 그다음, 더 이상 다른 나라와 싸우지 않고 만족할 줄 알게 되었지요? 그게 으뜸가는 재산입니다. 그다음, 서로 믿을 수 있게 되었지요? 그게 으뜸가는 친척입니다. 그러나 무엇보다도 큰 행복은 닙바나입니다. 앞으로는 닙바나를 추구하십시오."

'붓다완다나' 음악을 틀고 법구경 두 번째 게송과 빠세나디 왕에게 읊어 주신 게송을 읽겠습니다. 편하게 앉아서 허리를 반듯하게 펴고 눈은 아래로 살포시 내려 뜨거나 살며시 감고 편안한 마음으로 게송을 감상해 보겠습니다.

오늘 행복했습니까? 저는 강의할 때 '어떻게 하면 더 재미있고 행복하게 해줄 수 있을까?' 연구를 거듭하고 여러 가지 시도를 해 봅니다. 여러분도 마찬가지입니다. '어떻게 하면 내 주변 사람들을 행복하게 해줄 수 있을까?' 자꾸 생각하고 연구하다 보면 방법이 생기게 마련입니다. 예를 들어 음악 게송을 활용해 보거나 게송 다이어트를 해 보는 것도 좋습니다. 막연하게 여기지 말고 좀 더 구체적으로 방법을 찾다 보면 뭐든지 할 수 있습니다.

2장

내가 인因이요, 남이 연緣이다

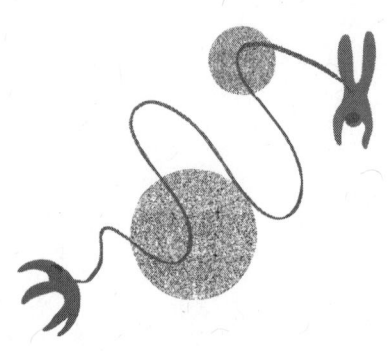

내가 인이요, 남이 연이다.
과거의 인이 현재의 연이다.
현재의 인이 미래의 연이다.
인이 충실해도 연이 부실하면 과가 부실하다.
인도 충실하고 연도 충실해야 과가 충실하다.

행불의 노래입니다. 인연이 있어서 여러분과 제가 이렇게 만났습니다. 과거 생에 콩 한쪽이라도 나눠 먹은 인연이 있어서 만난 것입니다. 인연 없는 중생은 제도할 수 없다고 부처님께서 말씀하셨습니다.

부처님의 삼불능三不能, 세 가지 할 수 없는 일이 있습니다. 첫째, 불능면정업중생不能免定業衆生, 정해진 업을 면하게 할 수 없고, 둘째, 불능도무연중생不能度無緣衆生, 인연이 없는 중생은 제도할 수 없고, 셋째, 불능진중생계不能盡衆生界, 한 부처님이 일체 중생을 일시에 다 제도할 수 없다고 합니다.

연緣이 없으면 만날 기약이 없고 만나지 못하면 제도할 수 없다고 합니다. 그래서 부처님하고 연이 없는 것보다 차라리 악연惡緣이라도 지어 놓으면 제도될 수 있습니다. 악연도 연이고 선연善緣도 연이니까요.

현재 내 가족 또한 과거의 인因이 있기 때문에 가족으로 만난 것입니다. 특히 가족 같은 경우에는 과거에 주고받은 것이 많은 사람들입니다. 말하자면 대부분 원수이거나 은인, 둘 중 하나입니다. 원수나 은인은 주고받은 게 많거든요. 가족이나 가까운 관계로 만나야 주고받을 수 있는 것이지, 먼 관계로 만나면 보기 싫을 때 안 보면 그만입니다. 가족은 보기 싫어도 안 볼 수 없잖아요. 죽으나 사나 가족이니까요. 과거 생에 아주 지중한 업을 지어서 가족으로 만나는 것이니, 원수로 만났든 은인으로 만났든 간에 현재에 잘 회향해야 합니다. 내 생에 잘 마무리해야 현재의 인이 미래의 연이 될 테니까요. 현재의 내가 어떻게 하느냐에 따라서 미래에 다시 만날 것인지, 안 만날 것인지 결정됩니다. 어떤 인연 관계가 계속 남아 있으면 또 만나게 됩니다.

어떤 불자가 물었습니다.

"인연 관계는 좋은 확률이 높아야 만나는가요, 나쁜 확률이 높아야 만나는가요?"

좋은 연이든 나쁜 연이든 어느 쪽의 인이 더 강하느냐에 따라 그 결과가 달라집니다. 좋은 인연도 진한 농도가 있잖아요. 예를 들어 연인끼리 연애하다가 가족의 반대로 결혼을 못하게 되었습니다. 둘은 다음 생을 기약하고 같이 빠져 죽자, 하고는 정말 죽었습니다. 이럴 경우에는 계속 만납니다. 둘은 좋은 관계라고 생각하겠지만 나쁜 관계입니다. 인연이 되어서 만났지만 결국 살생, 자살을 해서 좋은 것이 나쁜 것이 된 것입니다. 이처럼 좋은 것이라고 생각했는데 나중에 보면 나쁜 것이고, 나쁜 것이라고 생각했는데 나중에 보면 좋은 것일 수 있습니다.

그래서 나를 달달 볶는 사람이 은인일 수 있습니다. 세계 3대 철학자를 보면 모두 악처를 두었습니다. 여러분이 남편을 철학자로 만들고 싶으면 달달 볶으세요. 뛰어난 사람을 만들고 싶으면 둘 중에 하나, 달달 볶거나 아니면 완전히 헌신해서 받드는 것입니다. 그러면 뛰어난 사람이 될 것이고, 그냥 평범하게 대해 주면 평범한 사람이 될 것입니다. 그래서 내조가 상당히 중요합니다. 인과 연이 반, 반이거든요. 50%는 자기 노력이고, 50%는 연인데, 어떤 연을 만나느냐에 따라서 그 사람의 인생이 꺾이기도 하고 성공하기도 하며 엄청난 영향을 줍니다.

과거에 내가 지어 놓은 인이 현재의 연으로 만난 것이고, 현재 어떤 인, 씨앗을 심느냐에 따라서 미래에 다시 만날 수도 있고, 안 만날 수도 있습니다. 또 만난다면 좋은 연으로 만날 수도 있고, 나쁜 연으로 만날 수도 있습니다. 그것이 결정됩니다.

인과 연을 구분해서 생각할 줄 알아야 합니다. 인은 나의 노력, 나의 마음처럼 주관적 요인이고, 연은 상대의 마음처럼 객관적 원인입니다. 그래서 인이 충실해도 연이 부실하면 과果가 부실합니다. 예를 들어 남편은 충실하지만 아내가 영 부실하면 과가 부실합니다. 아무리 뛰어난 아내를 만나도 남편이 부실하면 과가 부실합니다. 인도 충실하고 연도 충실해야 과가 충실합니다.

이것은 법칙입니다. 내가 아무리 잘하려고 해도 주변에서 도와주는 사람이 없고 반대하는 사람이 많으면 일이 풀리지 않습니다. 또 주변 상황이 아무리 좋아도 내가 잘하지 않으면 마찬가지로 풀리지 않습니다. 나도 충실히 하고 주변에서도 돕는 사람이 늘어나면 일이 술술 잘 풀려갑니다.

이렇게 둘 다 충실하면 좋겠지만 한꺼번에 둘 다 충실해지기는 어렵습니다. 그럴 땐 일단 인을 충실히 하면서 연이 충실해지기를 기다려야 합니다. 내 마음부터 충실히 노력해 나가면서 '모든 것은 무상無常하여 변해 가니까, 저 사람도 언젠가는 변하겠지.' 하고 기회를 노렸다가 변화했을 때 탁 낚아채면 인과 연이 같이 충실해집니다. 그래서 인연법을 잘 알고 세상을 살아야 지혜로운 사람입니다.

부처님께 공양 올린 공덕으로
부자가 된 마하주까따

●

사람들은 누구나 부자가 되고 싶어 하고 복덕을 갖추고 싶어 합니다. 복덕을 갖춘다는 것은 세간에 사는 사람들로서는 최고의 희망입니다.

복 중의 복은 재복이고, 덕 중의 덕은 인덕입니다. 어떻게 하면 재복도 있고 인덕도 있을까요?

『화엄경』에서 일체유심조一切唯心造라고 했습니다. 모든 것이 오로지 마음으로 만들어지는 것이라고 합니다. 그렇다면 부자가 되는 것도 마음으로 만들어지는 것인데, 왜 부자가 안 될까요?

마음은 원해서 되는 게 아니라 마음을 그려야 합니다. 원하는 것과 그리는 것은 다릅니다. '나는 부자가 되길 원해.' 한다면, 내가 부자라는 소리인가요? 이것은 '나는 부자가 아니야.'라는 말과 같습니다. 계속 부자가 아닌 자기 모습을 그리는 것입니다. 그래서 그림을 잘 그려야 합니다. 마음은 마치 화가와 같아서 부처가 되어가고 있는, 또는 부자가 되어 있는, 또는 부자로 살고 있는 자기를 그려야 합니다.

『화엄경』에서 "심여공화사心如工畵師 능화제세간能畵諸世間 오온실종생五蘊悉從生 무법이부조無法而不造, 마음은 그림 그리는 화가와 같아서 능히 모든 세상을 다 그리네. 오온이 모두 마음으로부터 생기나니 만들 수 없는 것이 하나도 없네."라고 했습니다.

부자의 행위를 하고 있는 모습을 그리면 빨리 부자가 될 수 있습니다. 여기서 부자의 행위란 보시를 하는 모습입니다. 우리가 생각하기에 부자가 되려면 끌어 모으기만 해야 될 것 같은데 그게 아니라는 것이지요. 베푸는 행위가 넉넉한 마음을 연습하고, 넉넉한 마음을 연습하니까 넉넉해지는 것입니다. 그래서 보시야말로 복덕의 근본이라고 했습니다. 대승불교에서 보살의 실천행인 육바라밀(보시·지계·인욕·정진·선정·반야 바라밀) 가운데 첫째가 보시바라밀입니다. 부자가 되고 싶으면 보시를 해야 합니다.

앞으로는 '부처님, 저 부자 되게 해주세요.' 하지 말고, '보시하는 마음을 연습하겠습니다.' 하고 기도하세요. 보시하는 마음은 넉넉한 마음입니다. 넉넉한 마음은 이루어지는 성취를 체험하게 하고, 원하는 마음은 나한테 없다는 결핍을 체험하게 합니다.

복덕의 지름길인 보시에도 종류가 있습니다.

> 자신은 보시하되 남에게는 권하지 않으면 재복은 있되, 인덕은 없다.
> 자신은 보시하지 않으면서 남에게만 권하면 재복은 없고 인덕만 있다.
> 자신도 보시하지 않고 남에게도 권하지 않으면 재복도 인덕도 없다.
> 자신도 보시하고 남에게도 권하면 재복도 있고 인덕도 있다.

법구경 80번째 게송입니다. 이것은 깟사빠 부처님 당시에 과거·현재·미래세의 모든 부처님이 하신 말씀입니다. 깟사빠 부처님은 석가모니 부처님 이전에 오신 부처님입니다.

어떤 사람이 깟사빠 부처님의 위와 같은 법문을 듣고 나서, '아, 나도 보시하고 남에게도 권해야겠다.' 하고 마음먹었습니다.

그러고는 부처님께 물었습니다.

"부처님, 여기 모인 대중이 몇 명이나 됩니까?"

"대중이 모두 2만 명입니다."

"그럼 내일 제가 공양을 올리겠습니다. 저 혼자서가 아니라 다른 사람들에게도 권해서 2만 명 전체에게 공양을 올리겠습니다."

그 사람은 부처님께 약속하고 마을로 갔습니다. 그리고 화주 책을 들고 다니며 열심히 마을 사람들에게 공양 올리기를 권했습니다.

"내일 부처님과 부처님 제자들에게 공양을 올리기로 했습니다. 당신은 몇 분에게 올리겠습니까?"

그 사람은 화주 책에 아무개가 다섯 분, 열 분…, 이렇게 적고 다니다가 길거리에서 마하주까따를 만났습니다. '마하주까따'란 지극히 가난한 자, 극빈자라는 뜻입니다.

"자네도 스님에게 공양을 올리지 않겠는가?"

"아니, 가난해서 나 먹을 것도 없는데, 내가 어떻게 공양을 올리겠습니까?"

"이보게, 자네가 왜 이리 가난한지 알아? 보시를 하지 않아서 그런 것이라네. 그런데 지금 또 보시를 하지 않으면 계속 가난을 면치 못할 거야. 지금이라도 보시를 해야 가난에서 벗어날 수 있다네. 거지한테도 얻어먹는 분이 스님이야. 거지한테 얻어먹어서 복을 짓게 만들어 주는 것이라네. 그래야 부자가 될 수 있거든."

"아, 난 가난하다고 만날 얻어먹기만 했는데…, 알았습니다. 나도 스님 한 분에게 공양을 올리겠습니다."

"그래, 알았네."

그런데 공양을 권한 그 사람은 또 다른 사람을 만나 보시를 권하다가, '마하주까따 공양 한 분'을 그만 까맣게 잊어버리고 화주 책에 적어

놓지 않았습니다.

그다음 날, 공양 담당자는 화주 책을 보고 스님들을 배정했습니다.

"여기 스님 다섯 분은 자네가 모시고 가고, 저기 스님 네 분은 그 집으로 가시고…"

이렇게 해서 배정이 끝나자, 사람들이 모두 가 버렸습니다.

그때 옆에서 기다리고 있던 마하주까따가 공양 담당자에게 말했습니다.

"저도 스님을 한 분 배정해 주십시오."

"아 참, 자네를 깜빡했군. 모두 공양하러 가시고 스님이 안 계시는데 어떡하지?"

어제 마하주까따는 하루 종일 콧노래를 부르며 신이 나서 일했습니다. 수행자에게 공양을 올리고 보시 복덕을 지을 거라고 생각하니 기분이 좋았던 것입니다.

사람들이 마하주까따에게 무슨 좋은 일이 있느냐고 물어보았습니다. 그전에는 죽을상을 짓고 일하더니만 그날따라 즐거워 보였거든요.

"제가 스님 한 분에게 공양을 올리기로 했답니다. 일해서 번 돈으로 공양 올릴 생각을 하니까 기쁘고 절로 흥이 납니다."

"야, 좋은 일을 하는군. 그럼 내가 임금을 두 배로 주겠네."

사람들이 임금도 올려 주고 일거리도 많이 주었습니다. 마하주까따는 평소보다 돈을 더 많이 벌게 되어 벌써 부자가 된 기분이 들었지요. 환희심이 난 마하주까따는 정성껏 공양 준비를 했습니다.

내가 인因이요, 남이 연緣이다

그리고 오늘 아침, 마하주까따가 스님을 모시러 온 것입니다.

마하주까따는 공양 올릴 스님이 없다는 말에 펑펑 울었습니다.

그러자 공양 담당자가 말했습니다.

"아, 방법이 있긴 있네. 스님들은 다 나가셨고, 한 분이 남았어. 부처님이 아직 계시거든."

부처님께서는 이 상황을 미리 예견하시고 마하주까따를 기다리고 계셨습니다.

마하주까따는 부처님을 찾아갔습니다. 그런데 그곳에는 이미 왕부터 귀족, 부자들이 와서 서로 부처님께 공양을 올리겠다고 기다리고 있었습니다. 마하주까따는 기가 죽었습니다. 귀족들의 공양은 엄청날 텐데, 부처님께서 보잘것없는 자기 집으로 가실지 자신이 없었습니다.

"부처님, 오늘 제가 스님 한 분에게 공양을 올리려고 했는데 다 나가시고, 부처님밖에 계시지 않습니다."

하고 마하주까따가 공양을 청하자, 부처님께서 기꺼이 응하셨습니다.

사실 마하주까따는 공양을 올려야 하는데 요리를 해 본 적이 없었습니다. 부인도 마찬가지지요. 무슨 맛있는 음식을 만들어 먹어 본 적이 없으니까요. 그때 요리사로 변신한 삭까 천왕(제석천왕)이 내려와 마하주까따에게 돈을 받지 않고 그냥 도와주겠다고 했습니다. 그리하여 삭까 천왕이 천상의 양념으로 직접 요리를 하고, 마하주까따와 부인이 옆에서 거들었습니다. 온 집 안에 천상의 요리 향내가 진동하였습니다.

곧이어 왕과 귀족, 부자들이 부처님을 따라 마하주까따의 집까지 왔습니다. 마하주까따가 부처님께 올리려고 하는 음식이 변변치 않으면 자기 집으로 모시고 가기 위해서였습니다. 그런데 향내를 맡아 보니 궁전에도 없는 천상의 요리인 것을 알고 모두 돌아갔습니다.

부처님께서 공양을 마치고 일어서자, 마하주까따와 부인이 발우를 들고 따라 나왔습니다. 부처님께서 문 밖을 나서자마자, 삭까 천왕이 하늘을 쳐다보고 눈을 깜빡였습니다. 그러자 하늘에서 금·은·유리·거거·마노·진주·매괴 등 칠보가 쏟아졌습니다. 맨 먼저 발우에 가득 차고, 그다음 마당에 가득 차고, 집에 가득 차게 되어 말 그대로 공덕을 짓자마자 그 자리에서 부자가 된 것입니다. 그 후 마하주까따는 죽을 때까지 계속 공양을 올리고 복덕을 지었습니다.

마하주까따는 죽어서 천상에 살다가 석가모니 부처님이 오셨을 때 다시 태어납니다. 부처님이 계실 때만 인간으로 왔다가 부처님이 계시지 않을 때는 천상에 있습니다.

나중에 '빤디따'라는 아이로 태어나는데, 일곱 살에 출가를 해서 사미가 되어 아라한과를 얻습니다. 그 사연이 바로 이 깟사빠 부처님의 법문으로부터 시작됩니다. 공덕 중에 공덕은 보시 공덕이고, 자신도 보시하고 남에게도 권하면 재복도 있고 인덕도 있다는 것입니다. 이처럼 베푸는 마음을 연습할 때 부자가 됩니다.

삭까 천왕의
네 가지 질문
●

삭까 천왕은 천상에서 내려와 부처님을 위해 요리사가 되기도 하고, 부처님을 간병하기도 하고, 여러 가지 역할을 합니다. 삭까 천왕은 신들의 왕인 제석천왕의 임기가 끝나서 떨어질 뻔했는데 부처님께 귀의한 공덕으로 다시 제석천왕이 되었습니다. 그래서 그 은덕을 잊지 못하고 수다원과를 얻어서 계속 부처님의 수호신이 된 것입니다.

우리가 기도하는 신중단을 보면 좌우 한쪽에 제석천왕, 한쪽에 범천왕이 있습니다. 제석천왕이 삭까 천왕입니다. 신들의 세계에서 왕이지요.

천상에서 신들 사이에 토론회가 열렸습니다.

"어떤 보시가 최상의 보시인가?"

"어떤 맛이 최상의 맛인가?"

"어떤 기쁨이 최상의 기쁨인가?"

"욕망을 제거하는 것이 왜 모든 것 중에 최상이라고 하는가?"

이런 네 가지 토론이 열렸습니다. 아무리 논의를 해 보아도 답이 나오지 않았습니다. 그래서 삭까 천왕이 말했습니다.

"이것은 부처님의 영역이니까 부처님께 여쭤 봅시다."

모든 세계에는 범부의 영역, 신들의 영역, 부처님의 영역, 이렇게 세 영역이 있습니다. 범부의 영역은 하단, 신들의 영역은 중단, 부처님의 영역은 상단이라고 합니다.

삭까 천왕은 천신들을 데리고 제따와나(기원정사)를 환하게 밝히면서 다가와 부처님께 삼배를 올렸습니다. 그러고는 네 가지 질문의 답을 여쭈었습니다.

그때 부처님께서 이 게송을 읊어 주셨습니다.

> 모든 보시 가운데 법보시가 으뜸이요
> 모든 맛 가운데에 법의 맛이 으뜸이요
> 모든 기쁨 가운데에 법의 기쁨이 으뜸이요
> 욕망을 제거함이 모든 것의 으뜸이네.

법구경 354번째 게송입니다. 제가 '으뜸경'이라고 제목을 붙였습니다. 다른 사람에게 재물을 전해 주고 먹을 것을 주는 것도 좋지만, 진정한 보시는 그 사람의 사고방식을 전환시켜 주는 것입니다. 바로 법보시가 그렇습니다. 거지 근성을 없애 주고, '아, 나도 누군가에게 베풀 수 있구나. 스님과 부처님과 이런 성자에게 베풀면 큰 복이 되어서 돌아오는구나.' 이런 것을 알게 하는 것이 법보시입니다.

경전에 보면 이런 말이 나옵니다.

"갈색 가사를 시방세계 모든 부처님께 공양 올리는 것보다 중생들에게 사구게송 하나 설하는 것이 훨씬 더 값지다."

사구게송은 네 구절로 이루어진 게송을 말합니다. 팔구게도 있고 이

구게도 있습니다.

예컨대 가사 보시는 사구게 하나 설하는 것에 16분의 1에도 미치지 못한다고 합니다. 엄청나지요. 그래서 게송 낭송 대회를 여는 것입니다. 여러분이 게송 하나라도 외워 그 자리에서 남들에게 설해 주는 것이 모든 부처님께 가사를 올린 공덕보다 더 낫다고 합니다. 『법구경』뿐만 아니라 『금강경』에도 나옵니다. 게송 하나를 설해 주는 것이 온 우주를 칠보로 덮어 보시하는 것보다 훨씬 더 낫다고 합니다.

시방세계 모든 부처님과 벽지불과 아라한에게 가장 맛있는 음식으로 지극히 공양 올린다 해도 이러한 음식 보시보다 법문을 듣게 해주는 공덕이 훨씬 더 크다고 합니다.

또 거대한 사원을 수십만 개 지어서 기증한다 해도 이것보다 게송을 암송하여 법문을 듣게 해주는 법보시가 훨씬 크다고 합니다. 아나타삔디까가 기원정사를 만들어 보시한 것처럼 대시주자들이 많은 재산으로 사원을 지어 보시한 복덕은 큽니다. 그러나 이것보다도 법보시 공덕이 훨씬 크다는 것이지요.

부처님의 10대 제자 중에 지혜제일 사리뿟뜨라 같은 비구들도 불보살의 도움을 받지 않고 스스로 수다원과나 그 이상의 도과를 얻을 수 없다고 부처님께서 말씀하셨습니다. 사리뿟뜨라는 앗사지 장로에게서 게송을 듣고 수다원과를 얻었고, 또다시 부처님의 게송을 듣고 아라한과를 얻었습니다.

여러분도 할 수 있습니다. 그냥 해서는 안 되고 게송을 내 것으로 체

깨달음의 즐거움은
기쁨과 평온에 들게 하고,
환희의 눈물을 흘리게 하고,
지극한 복을 느끼게 하고,
윤회를 끝나게 하고,
구경의 경지인 아라한에
도달하게 합니다.

화되도록 만들어야 합니다. 언젠가 연이 충실해질 때까지 꾸준히 노력해야 합니다. 그래도 대사원을 짓는 것보다는 쉽지 않을까요?

법보시는 상대방이 듣지 않아도 들을 때까지 해야 합니다. 여기저기 하다 보면 듣는 사람이 있습니다. 그렇게 듣는 사람이 있을 때까지 하는 것입니다.

부처님께서는 모든 맛 가운데 법의 맛이 으뜸이라고 했습니다. 세상에 살면서 여러 가지 음식 맛을 보게 되는데, 그런 음식에서 느끼는 맛도 좋지만, 실제로 법을 얻는 순간에 느끼는 맛이 모든 맛 중에 최상입니다.

부처님께서는 내면에서 우러나오는 깨달음의 즐거움은 기쁨과 평온에 들게 하고, 환희의 눈물을 흘리게 하고, 지극한 복을 느끼게 하고, 윤회를 끝나게 하고, 구경의 경지인 아라한에 도달하게 한다고 했습니다. 그래서 법의 기쁨이 으뜸이라고 하는 것입니다.

또한 부처님께서는 "욕망을 제거하면 윤회의 괴로움에서 완전히 벗어난다. 그러므로 욕망을 제거하는 것이 모든 것의 으뜸이다."라고 설하셨습니다.

이렇게 부처님께서 자세히 설해 주시자, 삭까 천왕이 삼배를 올리고 말씀드렸습니다.

"부처님이시여, 법보시가 그렇게 중요하다고 하시면서 왜 저희 천신들에게는 법문을 들을 수 있는 기회를 주지 않으셨습니까? 앞으로 부처님께서 비구들에게 법문을 설하실 때, 저희에게도 법문을 들을 수 있는 기회를 주십시오."

그전까지는 천신들이 법문을 듣지 못했습니다. 이렇게 법보시가 으뜸이고, 법의 맛이 으뜸이고, 법의 기쁨이 으뜸이라면, 이 게송을 계기로 해서 천신들도 법을 듣게 해 달라고 했습니다.

"비구들이여, 오늘부터 공식적인 법회에서 법문하거나, 일상 법문을 하거나, 간략하게 법문하거나, 공양을 끝내고 감사의 표시로 법문을 할 때에도 시방세계 모든 중생들을 다 초청하여 법문을 들을 기회를 제공하여라."

하고 부처님께서 서원을 하셨습니다.

그 후로 천신들도 와서 법문을 듣게 되었답니다.

불교에서는 신중님을 중단에 모시고 있습니다. 우리는 반야심경을 읽기도 하고 화엄경 약찬게를 읽기도 합니다. 그것이 바로 부처님이 법문을 들려주시는 것입니다.

신중님들도 경전을 들으면 환희심이 납니다. 환희심이 나면 기분이 좋아지지요. 기분이 좋아지면 뭔가 주고 싶어집니다. 그래서 신중님들이 환희심 내게 신중 기도를 하는 것입니다. 그동안 공양물도 올리고 여러 가지 경전을 독송해 보았는데, 신중님들이 제일 환희심 내는 경전이 화엄경 약찬게입니다.

여러분도 신중님의 가피를 입고 싶으면 화엄경 약찬게를 독송하기 바랍니다. 집에서 독송 테이프를 틀어 놓고 따라 하거나 듣기만 해도 좋습니다. 한참 듣다 보면 신중님이 와서 같이 듣고 있습니다. 그래서 집 안에 기운이 좋지 않거나, 바라는 것이 있거나 하면 화엄경 약찬게를 틀어 놓고 따라 하다가 맨 마지막에 발원 기도를 하면 됩니다.

깨달음과 행복으로
인도해 주는 고귀한 길, 팔정도
●

법문은 인간은 물론이고 신들도 환희심을 내게 합니다. 그렇다면 부처님 가르침의 핵심은 무엇일까요? 바로 사성제四聖諦, 팔정도八正道입니다. 여러 가지 법을 설하셨지만 과거의 부처님도 설하시고, 현재의 부처님도 설하시고, 미래의 부처님도 꼭 이것만은 빼먹지 않고 설하신다고 합니다. 모든 부처님이 하나같이 설하시는 가르침입니다.

"그대들은 스스로 힘써 노력하라. 여래는 다만 길을 가르쳐 줄 뿐이다. 그 길은 모든 붓다들이 지나갔던 길이며, 깨달음과 평온으로 인도해 주는 여덟 가지 고귀한 길, 팔정도이다."

팔정도는 바른 생각(정사유正思惟), 바른 말(정어正語), 바른 행위(정업正業), 바른 생계(정명正命), 바른 정진(정정진正精進), 알아차림(정념正念), 바른 선정(정정正定), 바른 견해(정견正見)입니다. 팔정도를 외우는 것이 쉽지 않습니다. 대개 뒤돌아서면 잊어버리지요. 그래서 어떻게 하면 쉽게 외울 수 있을까 하고 방법을 찾았습니다. 제가 개발했으니 월호의 판권이 있습니다~. 노래와 율동을 따라 해 보세요.

양손을 머리에 대고, 머리로는 뭘 하지요? 바른 생각. 입은 바른말. 어깨(팔)는 바른 행위. 배는 바른 생계, 먹고살아야 하니까요. 다리는 바른 정진, 꾸준히 걷는다는 소리입니다. 발은 알아차림, 걸으면서 발바닥으로 알아차려야 합니다. 그다음, 양손을 배꼽 아래 단전에 두고 선정인禪定印을 취하고 바른 선정.

그다음, 바른 견해인 사성제 팔정도입니다. 오른손 엄지를 구부리고 네 손가락을 펴서 들어 올려 사성제, 왼손 엄지를 구부리고 네 손가락을 펴서 들어 올려 팔정도가 됩니다. 마지막으로 오른손이 인因, 왼손이 연緣, 박수 짝! 인과 연이 만났다는 의미입니다.

여러분도 알고 있는 노래입니다. "♬ 머리~ 어깨~ 무릎~ 발~ 무릎~ 발~" 이 노래의 리듬에 맞춰 율동과 함께 팔정도를 불러 보세요. 외우기 쉬울 겁니다.

"♬ 바른 생각, 바른말, 바른 행위, 바른 생계, 바른 정진, 알아차림, 바른 선정, 바른 견해, 박수 한 번!" 이것을 세 번 연속해서 하면 됩니다.

이제 팔정도에 대해 구체적으로 이야기해 보겠습니다.

1. 바른 생각

다음 보기 가운데 바른 생각은?
① 콩 심은 데 콩 나고, 팥 심은 데 팥 난다.
② 콩을 심든 팥을 심든 무엇이 날지는 신에게 달려 있다.
③ 콩을 심든 팥을 심든 무엇이 날지는 이미 결정되어 있다.
④ 콩을 심든 팥을 심든 무엇이 날지는 아무도 알 수 없다.

답은 ①번입니다. "콩 심은 데 콩 나고, 팥 심은 데 팥 난다." 이것이 인과설이고, 불교의 근본 교리입니다. 불교는 이렇게 쉬운 것인데, 왜 사람들이 어렵다고 할까요? 왜냐하면 "내가 콩을 심었지만 다른 것이 나오면 좋겠어. 금콩이 나오면 좋겠어." 하고 사람들이 허황된 마음을 가지고 있기 때문입니다. ①번을 믿으면서도 한편으로는 뒤에 있는 세 가지를 은근히 바라고 있습니다. "② 콩을 심든 팥을 심든 무엇이 날지는 신에게 달려 있다." 그러니 "신이시여, 제가 콩을 심었지만 제발 금콩이 나게 해주십시오." 이런 식으로 기도하는 것은 헛된 마음입니다. ③번은 이미 결정되어 있다는 숙명론입니다. 불교는 숙명론도 아니고 불가지론도 아닙니다. 불교의 핵심은 인과설입니다. 인과설을 믿는 것이 바른 생각입니다.

2. 바른말

거짓말을 하지 말라는 까닭은 신뢰, 믿음을 잃기 때문입니다. 믿음이야말로 진정한 재산입니다.

3. 바른 행위

- 건강하게 오래 살려면 살생하지 말고 방생해야 한다.
- 부자가 되려면 남의 것을 훔치지 말고 보시해야 한다.
- 사람들에게 존경받으려면 사음하지 말고 정행해야 한다.
- 남들이 내 말을 믿게 하려면 거짓말하지 말고 진실한 말(바른말)을 해야 한다.

이것이 바른 행위입니다. 여기에 여러분이 원하는 것이 다 들어 있습니다. 건강하게 오래 살고 싶지요? 부자 되고 싶지요? 존경받고 싶지요? 남들이 내 말을 믿어 주었으면 좋겠지요? 그렇게 되려면 방생하고, 보시하고, 정행하고, 바른말하면 됩니다. 이것이 인과설입니다. 인과설을 믿는다고 하면서 요행을 바라면 안 됩니다. 요행을 바라는 마음이 없어져야 아라한이 될 수 있습니다.

4. 바른 생계

생계는 먹고사는 수단입니다. 직업이지요. 살생, 투도, 사음, 망어, 이네 가지를 하면서 먹고사는 직업은 바른 직업이 아니라고 했습니다. 킬러처럼 살생을 업으로 삼거나, 강도나 도둑질을 업으로 삼거나, 사창가에서 몸을 팔아서 살거나, 사기꾼처럼 거짓말을 업으로 하지 말아야 합니다. 최소한 이 네 가지 계율을 어기지 않는 직업을 가져야 합니다.

예전에 부산에 갔을 때 일입니다. 법문이 끝나고 나서 어떤 분이 진지하게 물었습니다.

"스님, 사실 저는 횟집을 하는데 어떻게 해야 합니까?"

일단 먹고살아야 하니 어쩔 수 없고, 방생을 많이 하고, 기회가 되면 전업을 하는 것이 좋겠다고 말씀드렸습니다. 그러고 나서 몇 년 뒤 그분을 다시 만날 기회가 있었습니다.

그분은 목욕탕으로 전업을 했다며 다음과 같이 말했습니다.

"스님, 목욕탕을 하니까 횟집 할 때보다 장사도 잘되고, 무엇보다 마음이 편안합니다. 그리고 장사이지만 사람들이 깨끗하게 씻고 몸과 마음이 정갈해져서 나가는 것을 보면 제 기분도 좋은걸요."

제가 그 목욕탕에 가면 공짜입니다. 하하하!

5. 바른 정진(노력)

바른 정진에는 네 가지가 있습니다. 첫째 악한 생각이 일어나지 않게 노력하고, 둘째 이미 일어났으면 그것을 제거하려고 노력하고, 셋째 선한 생각은 일으키려고 노력하고, 넷째 이미 일어난 선한 생각은 꾸준히 유지하려고 노력하는 것입니다.

6. 알아차림

마음 챙김의 대상은 네 가지입니다. 신수심법身受心法, 여기에 불교 수행의 핵심이 다 들어 있습니다.

    신身 : 몸 보기
    수受 : 느낌 보기
    심心 : 마음 보기
    법法 : 성품 보기

이것을 사념처四念處라고 합니다. 『사념처경』을 보면, "이 방법을 통하지 않고서는 누구도 해탈할 수 없다. 그리고 이 방법이야말로 해탈에 이르는 지름길이다. 3년 만이라도 이 방법으로 수행하면 벗어날 수 있다. 그러다가 1년, 3달, 3주, 일주일만이라도 이 방법으로 수행하면 윤회에서 벗어나 해탈할 수 있다."라고 부처님께서 말씀하셨습니다.

몸 보기는 자기 몸을 관찰하는 것입니다. 숨을 관찰하는 것이 대표적이지요. 이것이 사념처경의 첫 번째 수행으로, 모든 수행의 기초입니다.

손가락을 자기 코 밑에 대고 입을 다문 다음 코로만 숨을 쉬어 보세요. 들이쉰다, 내쉰다, 들이쉰다, 내쉰다…. 숨결이 느껴집니다. 그다음에, 손가락을 내려놓고 손가락이 있던 자리에 마음을 모읍니다. 눈을 감고 코 밑에 마음을 집중해 보세요. 마음속으로 숨을 들이쉴 때는 들이쉰다, 내쉴 때는 내쉰다, 들숨, 날숨…. 이렇게 숨이 들어가고 나가는 것을 관찰합니다.

매일 잠시만이라도 눈을 감고 호흡 관찰하기를 해 보세요. 복잡한 머리가 고요해지고, 들뜬 마음, 허황된 마음이 가라앉고 편안해지며 힐링healing이 됩니다. 기분 좋은 일이 있어도, 기분 나쁜 일이 있어도 호흡을 관찰하며 마음 챙김을 해야 합니다.

느낌에는 좋은 느낌, 나쁜 느낌, 좋지도 나쁘지도 않은 느낌이 있습니다. 이탈리아 로마에 갔을 때 일입니다. 로마 거리를 걷고 있는데 등 뒤에 멘 가방이 가벼워지는 느낌이 들었습니다. 내가 뒤를 싹 돌아보니 이탈리아 남자 두 명이 내 가방에 손을 대고 있었습니다. 가방 지퍼가 반쯤 열려 있었는데, 나와 눈이 마주치니까 겸연쩍어 하면서 슬그머니 피해서 가더라고요. 하마터면 여권과 지갑을 통째로 잃어버릴 뻔했습니다.

그때 내가 느낌 보기를 해서 잃어버리지 않은 것이지요. 그것이 느낌을 관찰하는 것입니다.

마음 보기는 분노심이 일어나려고 한다고 관찰하고, 분노심이 일어났다고 관찰하는 것입니다. 이것이 마음 챙김입니다.

남의 허물을 자꾸 관찰하면 나의 허물이 많아집니다. 되도록 남의 허물을 보지 말고 자신의 몸과 마음과 느낌, 법의 성품을 관찰해야 합니다. 반야심경에 나오는 "조견오온개공 도일체고액照見五蘊皆空 度一切苦厄"에서 '오온'이 신수심법에서 말하는 법입니다. 존재를 구성하고 있는 요소, '담마'를 법이라고 합니다. 법에는 성품이 있습니다. 그래서 참선에서 견성見性한다고 하는데, 성품을 본다는 것은 법을 보는 것입니다.

7. 바른 선정

부처님께서 바히야 존자에게 말씀하시기를, "바히야여, 그대는 이와 같이 닦아야 한다. 보이는 것을 보기만 하고, 들리는 것을 듣기만 하고, 느끼는 것을 느끼기만 하고, 아는 것을 알기만 해라. 이와 같이 할 때 거기에 그대는 없다. 이것이 고통의 소멸이다."라고 했습니다.

우리는 육근, 안이비설신의眼耳鼻舌身意를 가지고 견문각지見聞覺知를 합니다. 눈으로는 보고見, 귀로는 듣고聞, 코·혀·몸으로는 느끼고覺, 뜻으로는 압니다知. 육근의 작용을 견문각지로 표현한 것입니다.

"보이는 것을 보기만 하고, 들리는 것을 듣기만 하고, 느끼는 것을 느끼기만 하고, 아는 것을 알기만 해라." 이 말을 제가 한자로 만들었습니다. 견견문문각각지지見見聞聞覺覺知知. 이것이야말로 고통에서 벗어나는 길입니다.

아무리 기분 좋은 말이 들려도 그냥 듣기만 하고, 기분 나쁜 말이 들려도 그냥 듣기만 하면, 이것이 바로 무아이고, 고통의 소멸입니다.

8. 바른 견해

다음 보기 가운데 바른 견해는?
① 행복도 불행도 내 작품이다.
② 나의 행복과 불행은 오로지 돈에 의해 좌우된다.
③ 나의 행복과 불행은 오로지 신에게 달려 있다.
④ 나의 행복은 내 덕분이고, 불행은 남의 탓이다.

답은 ①번입니다. ④번처럼 "나의 행복은 내 덕분이고, 불행은 남의 탓이다." 이렇게 생각하는 것은 아니겠지요? 행복도 불행도 내 작품이라고 생각해야 내가 고칠 수 있습니다. 남의 작품이라고 생각하면 남이 고칠 수 있습니다.

팔정도야말로 불교의 핵심이고 행복으로 가는 지름길입니다. 이 길을 통하지 않고서는 행복으로 갈 수 없습니다. 그냥 일시적으로 신을 믿어서 부자가 되어 행복한 것처럼 착각할 수 있지만, 깨달음과 궁극의 행복으로 가려면 반드시 이 길을 통해야만 합니다.

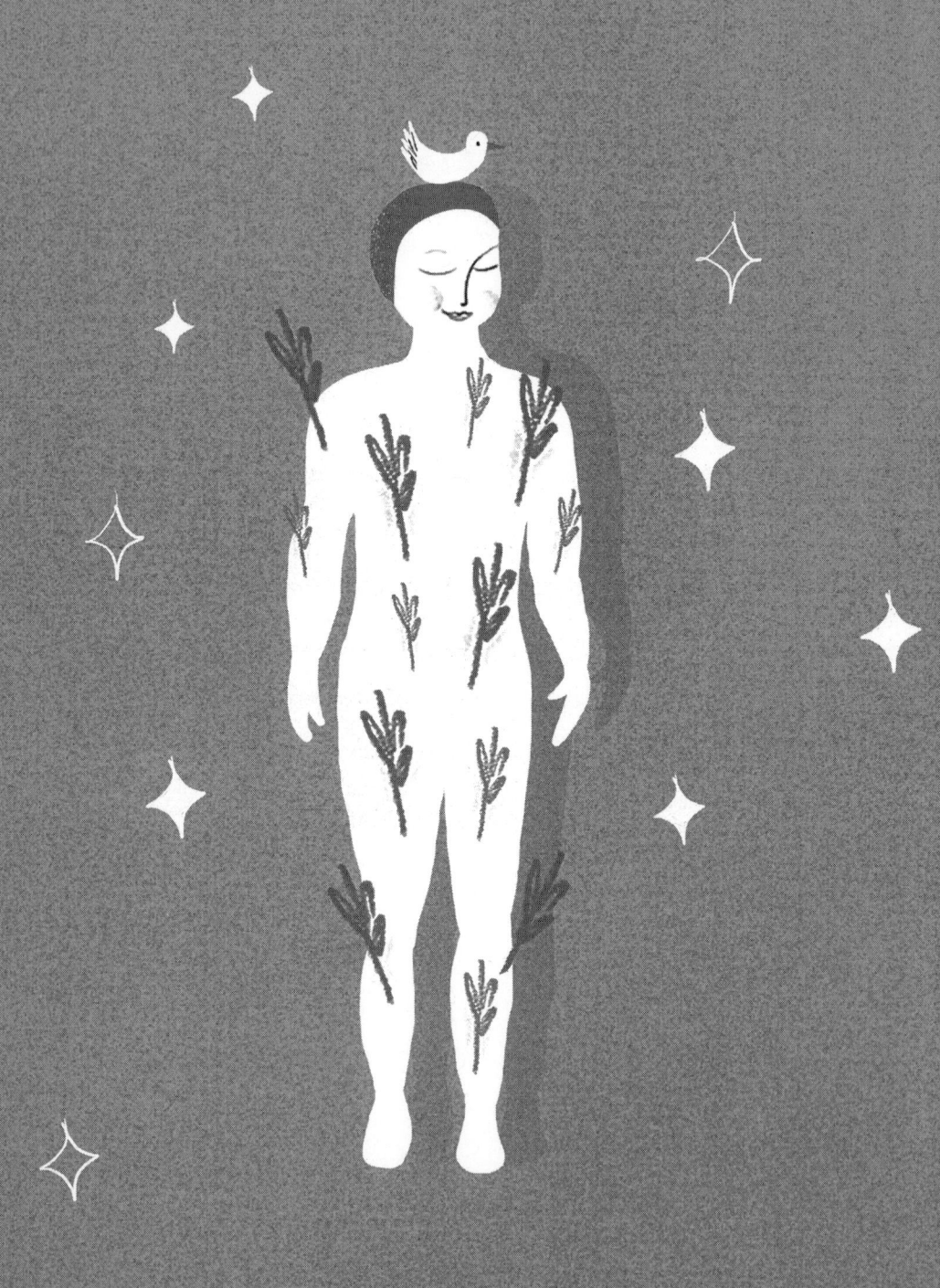

3장

구걸하지 말고 창조하자

　불교는 신의 존재를 인정합니다. 산에 가면 산신이 있고, 하늘에는 천신, 강에는 강신, 숲이 무성한 데 가면 목신이 있습니다. 경전에는 신들이 부처님께 와서 경배하고 가르침을 듣는 내용들이 많이 나옵니다.
　신들이 존재하기는 하지만 그렇다고 해서 신들이 내 인생을 주관하는 것은 아닙니다. 여러분의 인생을 다 주관하려면 얼마나 골치 아프겠어요. 한두 명도 아닌데다 서로 바라는 것이 상충될 때, 신이 어느 쪽 손을 들어줘야 할까요?
　신들에게는 신들의 세계가 있고, 인간에게는 인간의 세계가 있고, 축생에게는 축생의 세계가 있습니다. 특별히 인간사에 관심을 갖고 좀 관여하는 것을 즐기는 신이 있기는 합니다. 그것도 역시 일부만 관여할 수 있을 뿐입니다. 신도 부처님도 다 자기 위치와 영역이 있는데 그것을 무시하면 그때부터 미신으로 들어가는 것입니다. 마치 신이 다 해줄 수 있는 것처럼, "당신은 그냥 '믿습니다!' 하면 됩니다." 이런다면 사람들을 유혹해서 돈 갖다 바치게 하려는 것입니다.

진정한 행복도 마찬가지입니다. 부처님이 여러분 대신 행복해 줄 수 없습니다. 다만 여러분에게 행복으로 가는 길, 방법을 가르쳐 줄 뿐입니다. 밥을 먹는 방법을 가르쳐 주고 어떤 음식을 먹는 것이 건강에 좋은지 가르쳐 주지만, 먹고 소화시키는 것은 자기가 해야 됩니다. 그래서 콩 심은 데 콩 나고 팥 심은 데 팥 나는 것입니다. 이것이 인과법입니다.

종교에 와서 흔히 잘못 빠지는 것이 구걸하는 마음을 연습하는 것입니다. "부처님, 이렇게 해주시고 저렇게 해주시고…." 구걸만 합니다. 구걸하는 마음을 연습하면 뭐가 될까요? 행불의 노래를 따라 해 보세요.

구걸하는 마음 연습하면 거지 종이 되고
베푸는 마음 연습하면 부자 주인이 된다.
부처님 용돈 쓰세요.

부처님한테 자꾸 이것저것 해 달하고 하면 부처님도 스트레스 받습니다. 그러지 말고 "부처님, 추석도 됐는데 용돈 쓰세요." 하고 천 원짜리 한 장 넣어 보세요. 마음가짐이 중요합니다. 백만 원, 천만 원 넣고, "해주세요, 해주세요." 하는 사람이 더 예쁠까요? 아닙니다. 천 원짜리 한 장 넣고, "용돈 쓰세요." 하는 사람이 더 예쁘겠지요.

똑같습니다. 큰돈 갖고 와서, "스님, 이거 받고 우리 가족 건강하게 해주시고, 남편 승진하게 해주시고, 우리 아이 시험에 합격하게 해주시고, 취업 잘되게 해주시고…." 이러면 내가 뭐라고 하겠어요. "도로 가지고 가세요." 하고 물러 주고 싶지요. 그러나 작은 돈이지만 "스님, 용돈 쓰세요." 하면 내가 쓰고 싶은 데 쓰라는 말이니 부담 없고 기분이 좋을 겁니다.

여러분도 입장을 바꿔 놓고 생각해 보세요. 항상 자기 입장에서만, 중생의 입장에서만, 또는 거지의 입장에서만 생각하니까 답이 안 나옵니다. '내가 부처님의 입장이라면 어떨까?' 이렇게 생각해 보세요.

부처님의 십대 제자 중 하나인 논의제일 마하카차야나(가전연) 존자의 일화입니다.

하루는 마하카차야나 존자가 길을 가는데 우물가에 헐벗고 굶주려 보이는 노파가 쭈그리고 앉아서 울고 있었습니다.

사연인즉, 이 노파가 남의 집 종살이를 하는데, 그 주인이 처우도 제대로 안 해 주면서 심한 욕설과 박해를 한다는 겁니다. 어디 하소연할 데도 없고 자기 신세가 서러워서 우물가에 물 길러 왔다가 울고 있다는 것이지요.

마하카차야나 존자가 노파에게 물었습니다.

"할머니, 먹기는 잘 하십니까?"

"먹을 게 있어야 먹죠. 주인이 먹을 것도 잘 안 주는데, 완전 상거지입니다."

그래서 마하카차야나 존자가 노파에게 말했습니다.

"그러면 할머니, 저한테 가난을 파십시오."

깜짝 놀란 노파가 물었습니다.

"가난을 팔아요? 누가 가난을 사는 사람이 있답니까?"

"네, 가난도 팔 수가 있습니다."

그러자 노파가 기쁜 마음에 물었습니다.

"그럼 제가 가난을 팔겠습니다. 어떻게 하면 팔 수 있나요?"

"가난을 팔려면 보시를 하셔야 합니다."

"아이고 그럼 그렇지, 가난을 판다고 그래서 별 뾰족한 수라도 있나 했더니…. 스님, 보시다시피 제가 남의 집 종살이하면서 간신히 연명할 정도만 먹고 사는데, 헐벗고 굶주리고 사는 사람이 보시할 게 뭐가 있겠습니까? 지금 노인네 데리고 장난하는 겁니까?"

"지금 물 길러 오셨죠? 우물에서 물 한 모금 떠서 저한테 주실 수 있습니까?"

아, 그거야 뭐 공짜니까, 노파는 물을 한 바가지 떠서 마하카차야나 존자한테 올렸습니다. 그걸 마하카차야나 존자가 정성스럽게 받아서 마시고는 말했습니다.

"지금 이것이 보시를 한 것입니다. 할머니가 겪고 있는 가난과 고통은 과거에 욕심만 내고 남에게 베풀기를 싫어했기 때문입니다. 가난하다고 해서 자꾸 구걸하는 마음만 연습하면 가난에서 벗어날 수가 없습니다. 가난한 가운데서도 베푸는 마음을 연습할 때 전환이 됩니다. 그게 바로 가난을 파는 것이지요. 지금 저에게 물 한 그릇을 보시하셨습니다. 베푼다는 것은 꼭 금은보배나 큰돈을 남에게 주는 것이 아니라 물 한 그릇이라도 말 한마디라도 정성을 담아 주면 그것보다 더한 보시는 없습니다."

마지막으로 마하카차야나 존자는 노파에게 오계를 일러 주고, 오계를 잘 지키는 것이 바로 가난을 파는 것이라는 당부를 남기고 갔습니다.

그 뒤로 이 노파는 주인이 박해를 하더라도 오계를 잘 지키면서 참고 견디고 속상해하지 않았습니다. 그러곤 얼마 있다 돌아가셨는데, 돌아가시자마자 바로 도리천에 오백 명의 천녀를 거느린 천신으로 태어났다고 합니다.

정말 부자가 되고 싶으면 베푸는 마음을 연습하면 됩니다. 그러면 저절로 부자가 됩니다. 왜? 베푸는 마음은 넉넉한 마음입니다. 넉넉한 마음이기 때문에 넉넉해집니다.

불교에서는 마음이 먼저이고 물질이 나중입니다. 예를 들어, 칠판이 성품입니다. 성품에 홀연히 한 생각 일으켜서 마음이 생겨납니다. 마음이 똘똘 뭉쳐져 몸뚱이가 생겨납니다. 물질, 몸, 마음, 성품, 이것이 성품자리입니다. 성품은 곧 불성입니다. 마음은 마치 화가와 같아서 무엇이든지 그려 낸다고 했습니다. 한 생각 일으킨 것이 마음이라, 이제 한 생각 일으키면 상像이 생깁니다. 지금 내가 한 생각 일으켜서 원래 아무것도 없던 칠판에 동그라미를 그렸습니다. 생각들을 일으킨 마음이 자꾸 연습하다 보면 뭉쳐져 물질세계로 나타난 것이 몸입니다. 그래서 원래 순서가 성품에서 마음이 일어났고, 한 물결 한 생각이 일어났고, 마음이 자꾸 뭉쳐져 몸이 된 것입니다.

성품은 순수 에너지입니다. 부처도 될 수 있는 엄청난 에너지이지 성품은 순수 에너지입니다.
부처도 될 수 있는 엄청난 에너지이지만
평상시에는 텅 비어 있습니다.
여기에 부처를 그릴 것인지,
중생을 그릴 것인지,
자기가 선택하는 것입니다.

만 평상시에는 텅 비어 있습니다. 아무것도 적혀 있지 않습니다. 이것을 공空하다고 합니다. 텅 비어 있기 때문에 무엇이든 그릴 수 있습니다. 여기에 부처를 그릴 것인지, 중생을 그릴 것인지, 거지를 그릴 것인지, 부자를 그릴 것인지, 자기가 선택하는 것입니다.

지금 우리 눈앞에 당장 보이는 것은 몸입니다. 물질만 보이지요. 마음은 실체가 없기 때문에 잘 안 보입니다. 그러다 보니 마치 몸이 먼저이고, 그다음에 마음이고, 그다음에 성품이 있는 줄 압니다. 흔히 수행하는 사람들이 벌이는 오류가 내 몸뚱이 속에 마음이 들어 있고, 마음 어딘가에 본마음, 성품이 있는 줄 아는데, 착각입니다. 성품 속에 마음이 있고, 마음속에 몸이 있습니다.

여러분의 마음은 몸보다 큰가요, 작은가요? 마음이 넉넉해야 남들을 포용할 수 있습니다. 내 몸뚱이보다 마음이 작으면 다른 사람과 서로 마음의 교류가 되지 않습니다. 넉넉한 마음을 연습하면 현실이 넉넉해지고, 구걸하는 마음을 연습하면 현실이 각박해집니다.

우리는 멀리 있는 행운을 쫓느라 가까이 있는 행복은 잘 모르고 있습니다. 멀리 있는 행운은 네잎클로버 같은 것이고, 가까이 있는 행복은 세잎클로버 같은 것입니다. 네잎클로버를 찾으려고 세잎클로버를 밟고 다니는 것처럼, 멀리 있는 행운을 찾으려고 가까이 있는 행복을 짓밟고 있는지도 모릅니다. 가까이 있는 행복을 알아차려야 합니다.

"나는 행복해. 무엇무엇 때문에 행복해. 이러저러해서 행복해." 하고 행복할 수 있는 여러 가지 요건을 자기가 자꾸 찾아내야 합니다. 그다음 좀 더 근원적으로 들어가면, "나는 행복해. 왜? 관찰할 수 있어서 행복해."라고 합니다. 이것이 불교적인 대답입니다. 내가 몸과 마음을 관찰할 수 있다는 것, 관찰의 기쁨은 굉장히 행복한 것입니다. 그 행복을 느껴야 항상 바로 지금 여기에서 행복할 수 있습니다. 왜냐하면 어떤 조건에서도 자기가 할 수 있으니까요. 오늘도 할 수 있고 내일도 할 수 있고, 무슨 일이 있어도 할 수 있고 없어도 할 수 있고, 무조건적으로 할 수 있는 행복을 가지고 있어야 합니다.

가장 근원적인 행복 처방법 두 가지를 말씀드리겠습니다.

첫째, 바로 지금 여기에서 몸과 마음을 관찰하는 것입니다. 관찰자의 행복, 이것이 최고의 행복입니다. 살다 보면 몸이 부실하고 마음도 불안할 수 있습니다. 그런데 부실하든 충실하든, 불안하든 편안하든 간에 몸과 마음을 관찰하는 것, 여기서 행복을 느껴야 합니다. 그래야 어떤 상황에서든 행복해질 수 있습니다. "나는 건강해서 행복해." 하던 사람이, 만약 건강이 안 좋아지면 어떻게 될까요? "아, 난 불행해."라고 합니다. 이렇게 조건부 행복은 뭔가 조건이 갖춰지지 않으면 행복하지 않습니다. 그러나 무조건적인 행복은 가난하면 가난한 대로, 부유하면 부유한 대로, 건강하면 건강한 대로, 건강이 안 좋으면 안 좋은 대로 성품의 입장에서 그것을 관찰하는 것입니다. 그것이 지금 여기서 행복해질 수 있는 아주 좋은 방법입니다.

둘째, 아는 만큼 전하고 가진 만큼 베푸는 것입니다. 바로 베풀 수 있어서 행복합니다. 또 내가 전할 수 있어서 행복합니다. 그 자체가 행복입니다.

그래서 첫째는 관찰할 수 있어서, 둘째는 베풀 수 있어서 행복한 불교, 행불입니다.

제가 불교 방송을 하다 보면 가끔 이런 질문들이 들어옵니다.

"이 기도를 하는 게 좋은가요? 저 기도를 하는 게 좋은가요?"

"염불하는 게 나은가요? 참선하는 게 나은가요?"

불교에 수많은 수행법이 있지만 가장 근본적인 것은 '관찰과 보시'입니다. 이것이 아주 최상의 수행법입니다.

8일 만에 아라한과를 성취한 빤디따 사미의 깨달음

●

농부는 물길을 내어 물을 끌어들이고
활 만드는 사람은 화살을 곧게 만든다.
목수는 굽은 나무를 곧게 다듬고
지혜로운 이는 마음을 잘 다스린다.

법구경 80번째 게송입니다. 앞에서 극빈자 마하주까따의 이야기를 했습니다. 마하주까따는 부처님께 공양을 올린 공덕으로 최고의 부자가 되었습니다. 죽어서 천상에 올라가서 영화를 누리다가 석가모니 부처님 시절에 다시 태어났는데, 그가 바로 빤디따입니다. 빤디따는 일곱 살에 출가해서 사미가 되었습니다.

빤디따 사미는 출가한 지 8일째 되는 날 탁발을 하러 길을 나섰습니다. 얼마쯤 가다가 논에서 일하고 있는 농부의 모습을 보았습니다. 농부가 삽으로 물길을 내어 논으로 물이 잘 흘러들게 했습니다. 그것을 보고 빤디따 사미는 느꼈습니다.

'아, 물은 아무 인식 기능이 없는데, 사람이 저렇게 조절해 주니까 그쪽으로 흘러가는구나.'

다시 길을 가다가 이번에는 활 만드는 사람을 만났습니다. 그 사람은 대나무를 불에다 달궈 곧게 펴고 있었습니다. 그것을 보고 빤디따 사미는 느꼈습니다.

'아, 굽은 대나무는 아무 의식이 없는 것인데 불에 구워 곧게 다듬으니까 화살이 만들어지는구나.'

그다음에 빤디따 사미는 목수를 만났습니다. 목수는 나무를 자르고 다듬어 수레바퀴를 만들었습니다.

'아, 저 나무도 아무 의식이 없는 것인데 저렇게 다듬으니까 쓸모 있는 것으로 만들어지는구나!'

빤디따 사미는 자각심이 일어났습니다.

'인식 기능이 없는 물, 나무, 대나무도 저렇게 다룰 수 있는데, 나는 인식 기능을 가진 사람으로서 어찌 마음 하나를 다스리지 못하고 수행

을 못한단 말인가.'

탁발에서 돌아온 빤디따 사미는 곧바로 자기 방문을 걸어 잠그고 몸과 마음에 일어나고 사라지는 현상을 관찰했습니다. 그러다가 얼마 있지 않아 아나함과를 얻었습니다.

그때 빤디따 사미의 수행을 돕기 위해서 삭까 천왕과 천신들은 수도원의 안팎이 조용하도록 지켜주었습니다.

또 사리뿟뜨라가 빤디따 사미의 식사를 갖다 주려고 하자, 부처님께서는 방문 앞에서 일부러 사리뿟뜨라를 붙들고 여러 가지 질문을 하여 시간을 끌었습니다. 조금만 더 수행을 하면 빤디따 사미가 아라한과를 얻을 수 있는데 방해하면 안 되었기 때문입니다.

부처님께서 비구들에게 이렇게 말씀하셨습니다.

"누구나 진지하게 불법을 수행하면 삭까 천왕을 비롯한 많은 천신들이 그를 도와주고 보호한다. 빤디따는 농부가 논에 물을 대는 것, 화살 다루는 사람이 구부러진 화살을 바로 잡는 것, 그리고 목수가 나무로 수레바퀴를 만드는 것을 무심히 보지 않고 경책으로 삼아 자기 마음을 잘 다스려 마침내 아라한이 되었다."

그러고는 위 게송을 읊어 주셨습니다.

농부가 물을 다루듯이, 활 만드는 사람이 화살을 곧게 만들 듯이, 또 목수가 나무를 다듬듯이, 우리는 자기 마음을 잘 다스려야 합니다. 마음을 잘 다스리려면 일단 마음을 관찰해야 합니다.

법을 얻기 위해
홀로 열심히 정진한 떳사 비구

●

어느 날 부처님께서 "4개월 후에 내가 빠리닙바나에 들리라." 하고 예언하셨습니다. '빠리닙바나'는 '완전한 열반'이란 뜻입니다. 4개월 후 80세 되는 해에 돌아가시겠다고 말씀하신 겁니다. 수행이 익은 사람들은 자기가 언제 죽을지 다 압니다.

부처님께서 선언하시자, 많은 비구들이 부처님 돌아가시기 전에 얼굴이라도 실컷 봐 두려고 부처님께 꽃과 향을 바치며 그 주변을 맴돌았습니다. 마치 부모를 잃은 자식들처럼 방황했습니다.

그런데 떳사라는 비구는 멀리 떨어져서 자기 혼자 수행에만 전념했습니다. 부처님 근처에는 얼씬거리지도 않고 다른 비구들과 대화도 하지 않으며 혼자 숲속에서 열심히 수행만 했습니다.

그러자 다른 비구들이 부처님께 불평했습니다.

"떳사는 부처님을 존경하는 마음이 없는 것 같습니다. 부처님이 우리와 함께하실 날이 얼마 남지 않았는데 얼씬거리지도 않는 것을 보세요."

부처님께서 떳사를 불러 물었습니다.

"왜 다른 비구들과 떨어져 지내고 있느냐?"

"부처님, 저는 부처님께서 이 세상에 계실 때 과위를 얻기 위해서 수행에만 전념하고 있습니다."

"아, 띳사야말로 진실로 여래를 존경하는 자이다. 진실한 나의 제자이다. 여래에게 꽃과 향을 바치고 주변을 맴도는 것은 진실로 여래를 존경하는 것이 아니다. 도과道果, 즉 법을 얻기 위해 열심히 수행하는 이가 진실로 여래를 존경하는 자이다."

부처님께서 이렇게 칭찬해 주시면서 다음 게송을 읊어 주셨습니다.

> 벗어남의 맛을 알고
> 내려놓음의 맛을 아는 이는
> 근심과 악행에서 벗어나
> 진리의 기쁨을 만끽한다.

이 게송을 듣고 띳사 비구는 아라한과를 얻었습니다. 여기서 '벗어남'이란 자기 육신에 대한 애착에서 벗어나는 것입니다. '이 몸뚱이가 나다. 내가 실체가 있다.'라는 애착에서 벗어날 때 법의 기쁨을 느끼게 됩니다. 이것이 벗어남의 맛을 아는 것입니다.

또 내려놓음의 맛은 탐진치貪瞋癡 삼독을 내려놓는 맛입니다. 탐욕을 충족시키는 것보다 더 좋은 맛이 내려놓는 것입니다. 성질을 부르르 내면 시원하긴 하지만 그것보다 더 맛있는 것은 성질을 잠재우는 것, 내려놓는 것입니다. 억지로 참는 것과는 다릅니다. 관찰을 통해서 내려놓는 것이지요.

육신에 대한 애착에서 벗어나고 탐진치 삼독을 내려놓으면 근심과 악행에서 벗어나 진리의 기쁨을 만끽할 수 있다고 합니다.

이 게송은 안드레아 보첼리Andrea bocelli와 세라 브라이트먼sarah brightman이 함께 부른 노래 '타임 투 세이 굿바이Time to say goodbye'를 들으며 읊어 보겠습니다. 노래 제목이 '안녕이라고 말할 시간'입니다. 이제 탐욕과 성냄과 어리석음에게 안녕이라고 말할 시간입니다. 그래서 이 노래를 선정했습니다.

불성이란 무한한 가능성을
갖고 있다는 것

●

과거 현재 미래세의 모든 부처님을 알고자 한다면
응당 법계의 성품을 관찰하라.
모든 것은 오직 마음으로 만들어진 것이다.

『화엄경』에 "약인욕요지若人欲了知 삼세일체불三世一切佛 응관법계성應觀法界性 일체유심조一切唯心造"라고 나오는 말입니다.
마음에는 두 가지가 있습니다.
① 본마음 : 성품, 불성=공성=자성

② 마음 : 분별심

하나는 본마음, 즉 성품입니다. 불성佛性, 공성空性, 자성自性이라고도 합니다. 모두 '성性' 자가 들어갑니다. 성性은 마음 심心 변에 날 생生 자입니다. 마음이 생겨난 곳이지요. 즉, 성품은 마음의 출생지입니다. 또 다른 하나는 우리가 흔히 쓰는 마음입니다. 예를 들어, '아! 나는 마음이 언짢아. 마음이 슬퍼. 마음이 어때…' 이럴 때 쓰는 마음으로, 분별심입니다. 분별심은 만들어 내는 것이 아닙니다. 우리는 이 분별심이 마음인 줄 알고 내 마음, 네 마음, 이런 식으로 이야기합니다. 성품은 이 분별심이 일어나기 이전 자리로, 본마음이라고도 하고 불성이라고도 합니다.

불성은 부처가 될 가능성입니다. 부처가 될 수 있는데 무엇인들 될 수 없겠습니까? 신도, 인간도, 축생도 될 수 있습니다. 내 작품입니다. 이것이 바로 불성입니다.

그런데 우리 몸 안에 심장이 있듯이, 불성도 몸 안에 있는 것으로 착각합니다. 불성은 어떤 존재가 아니고 존재하게 해주는 가능성입니다. 텅 비었기 때문에 무엇으로든 채울 수 있는 가능성, 공성입니다.

또한 부처님만 가지고 계신 것이 아니라 너도나도 누구나 다 가지고 있어 자성입니다. 참선할 때 자성이라는 말을 많이 씁니다. 자기의 성품을 보는 것, 이것이 참선의 견성 수행입니다.

경전에서는 불성이라는 말을 많이 쓰는데, 결국 다 같은 말입니다. 무한한 가능성을 갖고 있다는 것을 가르쳐 주는 것입니다.

불교에서는 원불설原佛說을 말하는데, 다른 종교에서는 원죄설原罪

說을 말합니다. 원죄설은 최초의 인간인 아담과 하와가 신과의 약속을 깨고 죄를 지었기 때문에 인간은 원래 죄인이라는 것입니다. 그러나 불교에서 "인간은 본래 부처이고, 지금도 부처이고, 앞으로도 부처가 될 것이다."라고 가르쳐 주는 것이 원불설입니다. 그래서 일체 부처님을 알고자 한다면 응당 법계의 성품을 관찰하라고 합니다. 여기서 법계는 진리의 세계를 말합니다. 즉 진리 세계의 성품, 자성, 공성, 불성, 본마음, 이것을 관찰하는 것입니다.

성품이란 무엇일까요? 우리의 몸을 관찰하고 마음을 관찰하는 관찰자, 이것이 성품입니다. 여러분 모두 가지고 있습니다. 지금 제가 이야기하는 것을 다 알아듣잖아요. 그것은 성품이 알아듣는 것이지, 분별심이 알아듣는 것이 아닙니다. 분별심은 할 줄 아는 것이 딱 한 가지, 시비를 분별하는 것밖에 없습니다. 육근을 보고 육신을 끌고 다니는 것은 분별심이 아니라 성품입니다. 여러분이 제 말을 알아듣는 것도 성품자리입니다. 여러분의 성품자리가 '나는 본래 크고 밝고 완전하다.'라고 하는 것입니다.

몸과 마음을 관찰하는 첫 번째가 호흡을 관찰하는 것이라고 했습니다. 관찰할 줄 알아야 관찰자라는 개념을 알게 됩니다. 숨을 관찰하고 마음을 관찰하는 관찰자가 바로 본마음, 성품입니다. 이것을 정확히 알기 위해서는 꾸준히 공부해야 합니다. 그래야 성품을 보게 됩니다. 이 성품자리에서 모든 것이 이루어집니다.

4장

바로 지금
여기에서
행복하자

감사합니다. 행복하겠습니다.
무조건 감사합니다. 그냥 행복하겠습니다.
바로 지금 행복하겠습니다.
여기에서 행복하겠습니다.
이대로 행복하겠습니다.

  행불의 노래입니다. 이것이 바로 행복으로 가는 지름길입니다. 행복은 본인이 몸과 마음으로 느껴야 합니다. 행복한 몸을 연습하고, 행복한 마음을 연습해야 합니다. 감사하는 마음을 연습하면 감사할 일이 생기고, 원망하는 마음을 연습하면 원망할 일이 생깁니다.
  감사하는 것도 무조건 감사해야 합니다. 조건부로 감사하면 조건부로 행복해집니다. 경사스러운 일이 생겨야 행복하다면, 과연 일 년에 경사스러운 일이 몇 번이나 생길까요? 예를 들어, 아들이 명문대에 합격했습니다. 이것은 평생에 한 번밖에 생기지 않습니다. 이렇게 평생에 한두 번 생길까 말까 하는 일이 있어야 행복한 사람은 평생에 한두 번밖에 행복할 기회가 없습니다. 그러니까 그런 것에 나의 행복을 걸어서는 안 됩니다. 바로 지금 여기에서 이대로 감사하고 행복한 마음을 연습해야 합니다.

그럼 어떻게 해야 바로 지금 여기에서 행복할 수 있을까요? 관찰을 할 수 있어야 합니다. 관찰자의 행복이 법희선열法喜禪悅입니다. 법희는 법의 기쁨이고, 선열은 선의 즐거움이란 뜻입니다. 법의 기쁨은 '아, 맞아. 부처님 말씀이 맞구나.' 하고 마음에 와 닿는 게송을 만났을 때 느끼는 기쁨이고, 또 게송을 남에게 전해 줄 때 느끼는 기쁨입니다.

선의 즐거움은 관찰자의 즐거움입니다. 나는 좋은 일이 생기면 즐겁고, 나쁜 일이 생기면 괴롭다고 생각했습니다. 그런데 이제는 '육근의 무더기가 즐거워하는구나. 육근의 무더기가 근심 걱정을 하는구나.' 하고 관찰하면 그 자리에서 행복해질 수 있습니다. 왜냐하면 근심 걱정은 육근의 무더기에게 맡겨 놓고 나는 관찰하고 있으니까요. 그것이 관찰자의 행복이고 바로 선의 즐거움입니다.

법의 기쁨과 선의 즐거움은 누구나 언제 어디서나 느낄 수 있습니다. 그 맛을 알아야 진정한 행복, 진정한 감사함을 알 수 있습니다. '이다음에 내가 부자가 되면, 이다음에 더 건강해지면, 지금보다 더 상태가 좋아지면 행복해지리라.' 생각하고 앞만 보고 가기 때문에 항상 허덕이게 됩니다. '바로 지금 여기에서 이대로 감사합니다. 내가 이런 몸 받은 것만으로도 감사하고, 내가 불법 만난 것만으로도 감사하고, 지금 이 자리에 있는 것만으로도 감사합니다.' 하고 이런 마음가짐을 연습하면 마음이 긍정적으로 됩니다. 과학적으로도 입증이 된 사실입니다. 일단 마음이 긍정적이 되면 몸의 호르몬이 긍정적이 되고, 병도 빨리 낫는다고 합니다. 그런데 마음이 부정적이 되어 못살겠다, 되는 일이 없다고 생각하면 아픈 병도 낫지 않고, 더 원망할 일만 자꾸 생긴다고 합니다.

그래서 이 행불의 노래 "감사합니다. 행복하겠습니다.~"를 108참회 발원문에 집어넣어 봤습니다. 제가 출가하기 전 일입니다. 매일 아침 새벽에 조계사로 가서 108배를 했습니다. 처음에는 108배가 좋다고 하니까 뭣 모르고 그냥 108배를 했습니다. 무조건 횟수를 채우기에 급급했는데, 그렇게 며칠 절하다 보니까 그냥 하는 것보다 뭔가를 해야 할 것 같아 한 가지씩 참회를 했습니다.

'부처님, 제가 아침에 오다가 돌부리에 걸려서 잠시 성질을 냈습니다. 죄송합니다. 앞으로는 그러지 않겠습니다.'

이런 식으로 현재부터 과거로 거슬러 올라가면서 하나씩 하나씩 참회했습니다. 욕심 낸 것 참회하고, 성질 낸 것 참회하고, 또 어리석은 언행에 대해서 참회했습니다. 나중에 2주 정도 지나니까 정말 몸과 마음이 새털처럼 가벼워져서 공중에 둥둥 떠다니고 연잎 위를 걷는 그런 기분이 들었습니다.

그때 느낀 것이 무조건적인 참회를 해야 한다는 것입니다. 내 생각에 내가 잘못한 것 같으면 참회하고, 내 잘못이 아니라 남편 잘못이라고 조건부 참회를 하면 참회가 아니라 계산입니다. 그것은 효과가 없습니다. 상대방이 무슨 짓을 했든지 간에 내가 성질을 냈다면, 성질을 낸 것은 내 잘못입니다. 내 몫에 대해서 참회를 하는 것입니다.

몸과 마음속에 있던 지나친 욕심, 분노심, 어리석은 생각이 다 비워지면 가벼워집니다. 지금 가지고 있는 근심 걱정 불안을 일단 다 내려놓아야 합니다. 해결되지 않는 것을 붙들고 있는 것 자체가 어리석은 짓입니다. '부처님, 제가 해결도 안 되는 것을 붙들고 걱정하고 있습니다. 잘못했습니다. 앞으로 그러지 않겠습니다.' 이렇게 기도해 보세요. 마음을 긍정적으로 먹고 생각할 때 해결책이 보입니다. 거기에 빠져 있으면 문제의 답이 보이지 않습니다. 나와야 답이 더 잘 보이는 법입니다.

제가 박사 학위 논문을 쓰다가 퇴짜를 맞고 난 다음에 오대산에서 다시 쓰고 있을 때였습니다. 『선문염송』에 관한 논문이었는데 지금까지 아무도 쓴 적이 없었지요. 너무 어려워서 어디부터 어떻게 손을 대야 할지 잘 모르겠고, 도저히 아이디어가 떠오르지 않아 상원사 적멸보궁에 갔습니다. 그때 일주일 동안 '감사합니다' 기도를 했습니다. '부처님, 감사합니다.', '여기 보살님이 매일 저에게 와서 감사합니다…'

은혜는 감사할 줄 아는 사람에게 베풀게 되어 있습니다. "스님, 감사합니다." 하면 내 입장에서 해준 것도 없는데 항상 나에게 감사하다고 하니 정말 뭐라도 좀 해줘야 할 것 같은 마음이 일어납니다.

부처님한테도 관세음보살님한테도 마찬가지입니다. '지금 이대로 감사합니다. 제가 걱정거리가 좀 있지만, 제가 부처님을 만나지 못했으면 축생으로 살았을 텐데 그나마 인간으로 태어나서 걱정도 하고 있습니다. 고맙습니다.' 이런 마음을 연습하면 가피를 받는 것은 그다음 문제이고, 일단 자기 마음이 고마워지고 편안해집니다. 그런 마음을 연습하는 게 중요합니다. 그것이 바로 위 게송입니다.

김동규의 '시월의 어느 멋진 날에' 노래에 맞춰 위 게송을 읊어 보겠습니다. 편한 자세로 허리를 곧게 펴고 눈은 감거나 아래로 살포시 내려떠도 좋습니다. 편안한 마음으로 게송에 집중하시기 바랍니다.

> 일주일 뒤에
> 죽음이 오는 줄도 모르고
> 내년을 기약하는 상인
> ●

> 분발하라! 오늘 해야 할 일을 당장 실천하라.
> 내일 죽음이 찾아올지 누가 알겠는가?
> 우리는 늘 죽음의 강한 힘과 마주하고 있지 않은가?
> 몸과 마음을 관찰하여 일념으로 집중된 사람은
> 하룻밤을 살아도 행복하리라!

법구경 286번째 게송입니다. 부처님께서 상인 마하다나에게 전해 주신 게송입니다.

상인 마하다나가 사왓티(사위성)에서 열리는 축제에 물건을 팔러 나왔습니다. 그날따라 장사가 아주 잘되어 다 팔아 치우고 다시 물건을 떼러 갔습니다. 그런데 물건을 싣고 돌아오는 길에 큰 홍수가 나서 강물이 불어나 강을 건너지 못했습니다. 나중에 강물이 빠져서 건너갔을 때는 이미 축제가 끝난 뒤였지요.

그러자 상인 마하다나는 물건을 잘 보관했다가 다음 번 축제 때 내다 팔아야 되겠다고 마음먹고는 이런저런 계획을 세우고 있었습니다.

그런데 부처님께서 탁발을 나가시다가 그 모습을 본 것입니다. 부처님은 그 상인이 일주일 뒤에 죽을 것을 아시고 빙그레 미소를 지었습니다.

그때 아난다가 물었습니다.

"부처님, 왜 저 사람을 보고 빙그레 웃으십니까?"

"저 상인이 일주일 뒤에 죽을 것을 모르고 몇 달 뒤에 열리는 다음 축제 때 물건을 팔려고 이 생각 저 생각, 이 계산 저 계산을 하고 있구나."

아난다는 그 상인에게 가서 부처님 말씀을 전해 주었습니다.

"상인이시여, 그대는 일주일 뒤에 죽게 될 것입니다."

여러분한테 누가 와서 일주일 뒤에 죽는다고 하면, 그 일주일 동안 무엇을 하겠습니까? 그 상인은 부처님께 가서 가르침을 받았습니다.

부처님께서는, "몸과 마음에 일어나는 현상을 관찰하라. 일념으로 집중된 사람은 하룻밤을 살아도 행복하리라."라고 말씀하셨습니다.

그래서 상인은 몸 보기, 마음 보기를 배웠습니다. 먼저 몸을 관찰하기 위해서 숨 보기를 하며 육근 해체하기, 즉 눈 따로, 귀 따로, 코 따로,

혀 따로, 몸 따로, 뜻 따로 해서 무상함을 관찰하는 방법을 배웠습니다. 또 마음을 보기 위해서 마음이 일어날 때 '분노심을 일으켰구나.' 하고 관찰하고, 분노심이 사라질 때 '사라지는구나.' 하고 관찰하는 방법을 배웠습니다.

상인은 일주일 동안 열심히 집중 수행하는 가운데, 스님들을 초청하여 공양을 올리고 부처님 설법을 들었습니다. 그렇게 일주일이 지난 그날, 부처님께서는 그의 공덕을 회향하는 자리에서 다음 게송을 읊어 주셨습니다.

> 나는 이곳에서 비 오는 계절과
> 더운 계절과 추운 계절을 보내리라.
> 어리석은 자는 이렇게 생각하면서
> 자기의 죽음이 임박했음을 알지 못한다.

이 게송을 듣고 상인 마하다나는 수다원과를 성취하였습니다. 그리고 공양을 끝내고 돌아가시는 부처님을 전송한 뒤에 자기가 있던 곳으로 돌아와 죽었습니다. 마하다나는 수다원과를 얻었기 때문에 죽자마자 다시 천상 세계의 도솔천에 태어났습니다.

게송을 읊으면서 얻는 법의 기쁨이 수다원과를 얻게 해줍니다. 경전에 보면 부처님의 게송을 직접 듣고 수다원과를 얻은 경우도 있고, 전해 듣고 얻은 경우도 있습니다. 육조 혜능 스님도 다른 사람이 금강경 읽는 소리를 듣고 깨달았습니다. 그래서 게송을 읊는 것이 매우 중요합니다.

이번에는 영화 '러브 스토리' 주제곡을 배경으로 부처님이 상인 마하다나에게 설하신 게송을 읊어 보겠습니다. 이 음악이 2분 50초이니까 천천히 게송을 한 번 읽고, 조금 쉬었다가 한 번 더 읽으면 되겠습니다.

게송을 독송하여 수명이 늘어난 소년 디가유

●

덕이 높고 나이 많은 어른을 받들어 섬기면
네 가지 축복을 받는다.
수명이 길어지고 용모가 아름다워지며
행복이 늘어나고 건강해진다.

법구경 109번째 게송입니다. 디가유의 아버지는 본래 수행자였는데 수행을 하다가 다시 환속을 했습니다. 재가자로 살면서 결혼도 해서 아이를 낳았는데, 그 아이의 이름이 디가유입니다.

어느 날 아버지가 디가유를 데리고 자기가 함께 수행하던 도반을 찾아갔습니다. 도반 스님에게 인사드리고, 디가유도 절을 했습니다.

그런데 도반 스님이 디가유를 보고 놀랐습니다.

'아, 이 아이는 일주일 안에 죽을 것 같구나.'

도반 스님은 디가유 아버지에게 솔직히 이야기해 주었습니다.

디가유 아버지는 오랫동안 같이 수행했던 도반 스님의 말을 믿고 물었습니다.

"그럼 어떻게 해야 됩니까?"

"나도 모르겠습니다. 그다음은 부처님한테 가서 물어보십시오."

그래서 디가유 아버지는 아이를 부처님께 데리고 가서 절을 했습니다.

"네, 건강하십시오. 오래 사십시오."

하고 부처님께서 축원해 주셨습니다. 그런데 아이에게는 아무 축원도 해주지 않았습니다.

아이의 아버지가 물었습니다.

"부처님, 저에게는 건강이나 장수 축원을 해주시면서, 왜 이 아이한테는 해주지 않으십니까?"

"이 아이의 수명이 얼마 남지 않았습니다."

부처님도 도반 스님과 같은 말씀을 하셨습니다.

"아, 그럼 어떻게 해야 되겠습니까?"

"아이가 좀 더 오래 살려면 방법이 있습니다. 집 마당에 정자를 만들어 그 아이를 눕혀 놓고, 일주일 동안 스님 여덟 분이 게송을 암송해 주십시오."

디가유 아버지는 부처님 말씀대로 24시간 스님들이 게송을 낭송하게 했습니다. 일주일 그렇게 하면서 마지막 날에는 부처님도 오셔서 같이 게송을 암송했습니다. 그러자 천신들이 내려왔습니다. 부처님 게송은 천상에서도 듣기 어려운 소리였으니까요.

신들에게도 위계질서가 있습니다. 제석천왕은 신들의 왕이라서 스님들 바로 뒷자리에, 그다음에 상계 욕색 제천중이, 그다음에 중계 팔부사왕중이, 그다음에 하계 호법 선신중이, 이런 식으로 자리를 잡았습니다.

원래 디가유를 일주일 만에 잡아먹기로 한 야차가 있었습니다. 야차가 일정한 공덕을 지었는데 그 공덕으로 디가유의 명이 다할 때 잡아먹도록 약정이 되어 있었지요. 그래서 야차가 디가유 집 앞에서 기다리고 있었는데 자기보다 높은 천신들이 계속 오니까 뒤로 밀려났습니다. 신들이 디가유 주변을 호위하고 있어서 뚫고 들어갈 수가 없었던 것입니다. 결국 야차는 디가유가 있는 곳에 들어가지 못했습니다.

그다음 날, 디가유 아버지는 아이를 데리고 부처님께 가서 인사를 드렸습니다.

"오래 살아라."

하고 부처님께서 디가유에게 축원해 주셨습니다.

그러자 아버지가 물었습니다.

"부처님, 디가유가 몇 살까지 살 수 있을까요?"

"아이가 백이십 살까지 살 것입니다."

그때 비구스님들이 물었습니다.

"부처님, 경전을 독송하면 그렇게 오래 살게 됩니까?"

"게송은 물론이고, 덕이 높고 나이 많은 사람을 받들고 섬기면 네 가지 공덕을 받습니다."

하고 부처님께서 위 게송을 읊어 주신 것입니다.

여러분도 수명이 길어지고, 용모가 아름다워지고, 행복이 늘어나고, 건강해지고 싶으면 게송을 독송하기 바랍니다.

엘가의 '사랑의 인사' 음악을 틀어 놓고 천천히 위 게송을 읊어 보겠습니다. 편안한 마음으로 게송에 집중하시기 바랍니다.

생명을 주고
진리를 얻은 설산동자
●

모든 존재 변화하기에
끊임없이 일어났다 사라진다네.
일어남 사라짐이 사라진다면
진정한 행복이 찾아온다네.

『열반경』에, "제행무상諸行無常 시생멸법是生滅法 생멸멸이生滅滅已 적멸위락寂滅爲樂"이라고 나오는 말입니다. 제가 초등학교 다닐 때, 교과서에도 나왔던 내용입니다. 설산雪山이 펼쳐진 가운데, 절벽 위에 어떤 동자가 서 있고, 절벽 밑에서 나찰귀 야차가 도깨비 같은 형상을 하고 동자를 쳐다보는 모습이 그려져 있었지요. 그때는 그것이 불교 내용인지 몰랐습니다. 나중에 보니까 『열반경』에 나오는 설산동자 이야기였습니다.

동자가 설산에 수행하러 갔는데 아무리 수행을 해도 답이 나타나지 않았습니다. 죽도록 열심히 공부해도 혼자서는 절대 깨닫지 못합니다. 깨달으려면 게송을 만나야 합니다. 게송이 선지식입니다.

동자가 참선을 하고 있는데 게송이 들려왔습니다.

모든 존재 변화하기에
끊임없이 일어났다 사라진다네.

여기까지만 들렸습니다. 사구게 가운데 두 구절만 들린 것입니다. 눈이 번쩍 뜨였습니다.

'모든 존재는 변화한다. 이게 진리구나! 우리는 변화하지 않는 것을 추구하는데, 그게 바뀌어야 되겠구나. 변화하는 것이 정상이구나. 끊임없이 일어났다 사라진다네. 생멸!'

동자가 주위를 살펴보니까 웬 나찰귀가 보였습니다.

"방금 그 게송, 당신이 외운 것이 맞소?"

하고 동자가 나찰귀에게 물었습니다.

"모르겠다. 내가 배가 고파서 헛소리를 한 것 같다."

하고 나찰귀가 말했습니다.

"그럼 나머지 두 구절을 가르쳐 줄 수 없겠소?"

하고 동자가 나찰귀에게 부탁했습니다.

"너는 너 급한 것만 알고, 남의 사정 급한 것은 모르는구나."

"그럼 당신은 뭐가 급하시오?"

"나는 배고파 죽겠어."

"그래 당신은 무엇을 먹는단 말이오?"

"나는 살아 있는 사람의 살과 피를 먹어."

"그럼 내 몸을 줄 테니, 나머지 두 구절을 가르쳐 주시오."

"그렇다면 내가 가르쳐 주지."

일어남 사라짐이 사라진다면
진정한 행복이 찾아온다네.*

이것이 생명을 주고 얻은 게송입니다. 동자는 나머지 두 구절을 듣고 나니까 너무나 기뻤습니다.

"아, 드디어 진리를 알게 되었구나! 이 게송을 나 혼자 알고 죽어 버리면 안 되니까 바위에 써 놓아야 되겠다."

동자는 훗날 다른 사람들이 게송을 보고 깨달음을 얻으라고 바위나 나무에 써 놓은 다음 말했습니다.

"약속대로 내 목숨을 주겠소. 내가 죽자마자 받아먹으시오."

하고는 절벽에서 뛰어내렸습니다.

그때 나찰귀가 제석천왕으로 변해 뛰어내리는 동자를 받아서 사뿐히 내려주고 말했습니다.

"진정한 수행자인지 아닌지 시험해 보려고 내가 나찰귀의 모습으로 나타났습니다."

하고 절을 했습니다.

게송도 스토리를 알고 보면 더 마음에 와 닿습니다. 좋은 일이 생겨서 막 좋아하다가, 또 나쁜 일이 생겨서 막 나빠하는 것, 이렇게 기분이 좋았다 나빴다, 일어났다 사라졌다, 하는 것은 진정한 행복이 아니라고 합니다. 어떤 일이 생기든 간에 있는 그대로 객관화시켜서 관찰할 수 있는 것이 "일어남 사라짐이 사라진" 경지입니다. 그것이 진정한 행복입니다.

이 게송은 캔사스의 '더스트 인 더 윈드Dust in the wind' 노래를 들으며 읊어 보겠습니다. 모든 것은 다 바람 속의 먼지, 티끌과 같다는 노래입니다. 모든 것은 사라진다, 집착하지 말라는 것입니다.

게송을 자꾸 읽다 보면, 언젠가 탁 와 닿고 걸리는 게송이 있습니다. 게송이야말로 최고의 선지식입니다.

5
장

나는 억세게
재수 좋은
사람이다

일본에서 대단한 부자로 손꼽히는 사람이 있습니다. 유산을 물려받은 것도 아니고 자수성가해서 부자가 되었습니다. 그 부자에게 기자가 물었습니다.

"당신은 어떻게 부자가 되었습니까? 부자가 되는 비결이 무엇입니까?"

그러자 부자가 말했습니다.

"다른 것은 없습니다. 딱 한 가지, 아침에 일어나서 거울 앞에 앉아, '나는 억세게 재수 좋은 사람이다.'를 천 번씩 백 일 동안만 하면 진짜 재수가 좋아집니다."

이것이 자기한테 거는 주문입니다. 원래 이 세상은 태어나면서부터 재수 좋은 사람도 없고, 태어나면서부터 재수 나쁜 사람도 없습니다. 자기가 만들어 가는 것입니다. '나는 재수 좋은 사람이다.' 하고 하루에 천 번씩 백 일 동안 외우면 이것이 자기한테 체화됩니다. 몸으로 습득이 되면 '아, 나는 정말 재수 좋은 사람이다.' 하고 매사를 긍정적으로 생각하게 되어 실제로 재수가 좋아지게 됩니다. 설혹 재수 나쁜 일이 생겨도 그냥 재수 좋은 일이 되는 것이지요. 예를 들어, 오늘 다리를 다쳤는데도 재수가 좋은 것입니다. 왜? 한쪽 다리만 다쳤으니까요. 재수 나쁘면 두 다리 다 다칠 수도 있었는데, 나는 재수 좋아 한쪽 다리만 다친 겁니다.

마음이라는 것은 안테나와 같습니다. 마음의 채널을 어디에 맞추느냐에 따라 달라집니다. 긍정에다가 채널을 맞추면 긍정의 주파수가 모여들어 자꾸 긍정적인 일이 생기고, 부정적인 안테나를 세우면 부정적인 것들이 모여들어 자꾸 부정적인 일들이 생깁니다. 그래서 긍정적인 마인드를 연습하는 것이 중요합니다.

> 마하는 큼이요, 반야는 밝음이요,
> 바라밀은 완전함이다.
> 마하반야바라밀이 나요, 내가 마하반야바라밀이다.
> 나는 본래 크고 밝고 완전하다.
> 과거에도 그랬고, 현재에도 그랬고, 미래에도 그럴 것이다.

행불의 노래입니다. 이 게송은 우리의 성품자리를 말하고 있습니다. 우리의 몸은 작은 것도 있고, 찌그러진 것도 있고, 다친 것도 있지만, 우리의 성품자리는 마하반야바라밀입니다.

팔만대장경의 핵심이 마하반야바라밀입니다. 마하Maha는 크다는 뜻이고, 반야는 산스크리트 어 프라즈냐Prajna를 한문으로 음역해서 쓴 것으로, 지혜, 밝다는 뜻입니다. 바라밀은 파라미타Paramita, 완성이란 뜻인데, 저 피안의 세계로 건너간다는 의미입니다.

따라서 마하반야바라밀은 산스크리트 어로 '마하 프라즈냐 파라미타'이고, 직역하면 '큰 지혜로써 저 언덕으로 건너간다.'라는 뜻입니다. 여기서 저 언덕은 열반의 언덕입니다. 고통의 차안에서 평화의 피안으로 건너간다는 의미입니다. 이것을 선적으로 의역하면 '크고 밝고 완전하다.'라는 뜻입니다.

부처님께서 말씀하신
세 가지 어려움

●

인간으로 태어나기 어렵고,
불법 만나기 어렵고,
깨우치기도 어렵다.

이미 인간의 몸 받고 불법 만나 깨우쳐 가고 있으니
이보다 더 큰 행복이 어디 있으랴?
나는 억세게 재수 좋은 사람이다.

세상에는 어려운 일이 많지만 정말 어려운 것 세 가지 '삼난'이 있다고 부처님께서 하신 말씀입니다. 즉 인신난득人身難得, 불법난봉佛法難逢, 대도난성大道難成입니다.

먼저, 사람 몸 받기가 어렵다고 합니다. 사람이 죽어서 다시 사람으로 태어날 확률이 그리 높지 않다고 합니다. 죽어서 축생으로 태어난 경우가 더 많은가 봅니다. 우리는 나쁜 짓을 많이 해서 축생으로 태어나는 줄 알지만 그게 아니라는 것입니다. 축생들이 실제로 그렇게 나쁜 짓을 할까요? 인간들이 더 나쁜 짓을 많이 합니다.

이 세상을 살면서 만날 자기 자신과 자기 새끼만 알면 다음 생에 축생으로 태어날 확률이 90%입니다. 인간은 은혜를 갚을 줄 알고 남을 배려할 줄도 압니다. 쉽게 말해서 도 닦기, 복 닦기를 할 수 있는 것이 인간입니다. 반면에 축생은 도 닦기, 복 닦기를 못합니다. 그래서 한 번 축생으로 태어나면 인간으로 태어나기 어렵습니다. 도 닦기나 복 닦기를 해야 인간으로 태어나는데 그것을 못하니까요. 축생은 주로 인간에게 잡아먹히는 것이 복 닦기를 하는 것입니다. 자기 살을 줘서 남을 먹임으로써 자기에게 복이 됩니다. 그렇게라도 해서 그 연으로 인간으로 태어나면 다행입니다. 이처럼 인간으로 태어나기가 쉬운 일이 아닙니다.

또한 인간으로 태어나서 불법 만나기가 어렵다고 합니다. 지금 지구상에 인구가 80억 가까이 되는데 그중에 불교를 만난 인구는 그리 많지 않습니다. 게다가 정법을 만나기는 더욱 어렵습니다. 그래서 불법 만나기 어렵고 깨우치기도 어렵다고 합니다.

그런데 여러분은 이미 인간의 몸 받고, 불법도 만나고, 깨우쳐 가고 있습니다. 이보다 더 큰 행운이 어디 있습니까? 내가 왜 재수 좋은 사람인지 알았으니, 하루에 세 번씩 웃어야 합니다. 하하하!

"인간의 몸 받고 불법 만나서 깨우쳐 가고 있으니, 이것만으로도 얼마나 행운인가!" 이런 마음을 연습하다 보면 행운이 진짜 열릴 것입니다.

행복하다고 외치면서 다닌 마하깝삔나 장로

●

실제로 "인간의 몸 받고 불법 만나 깨달음을 얻어서 아, 얼마나 행복한가!"를 외치고 다니는 스님이 있었습니다. 바로 마하깝삔나 장로입니다.

석가모니 부처님 당시에 마하깝삔나는 원래 왕이었습니다. 과거 생에는 직조공이었는데, 삼보(붓다, 담마, 상가)를 공경한 공덕으로 천상에서 살다가 다시 인간으로 태어나 왕이 되었던 것입니다.

어느 날 마하깝삔나 왕은 신하들과 함께 성 밖으로 나갔다가 먼 지방에서 온 상단을 만났습니다. 그 당시에는 상인들이 뉴스를 전달하는 사람이었지요. 요즘처럼 TV나 라디오, 인터넷 등이 없었기 때문에 상단들을 통해 먼 지역의 소식을 전해 들었습니다.

마하깝삔나 왕이 상단들에게 물었습니다.

"어디서 왔는가?"

"저기 슈라와스티(사위성)에서 왔습니다."

"그래, 무슨 새로운 소식은 없소?"

"있습니다. 붓다가 이 세상에 출현하셨습니다."

붓다란 말을 듣고 마하깝뻰나 왕이 다시 물었습니다.

"잠깐, 방금 뭐라고 했소? 내가 잘못 들은 것이 아닌가 싶구려."

"부처님께서 이 세상에 출현하셨습니다."

마하깝뻰나 왕은 깜짝 놀라 다시 물었습니다.

"사실이오?"

"사실입니다."

"이런 기쁜 소식을 전해 준 그대에게 상금으로 십만 냥을 주겠소. 다른 소식은 없소?"

그러자 상인이 또 가르쳐 주었습니다.

"담마가 이 세상에 출현하였습니다."

담마는 불법승 삼보 가운데 부처님의 가르침인 법을 말합니다.

마하깝뻰나 왕이 기쁨에 겨워 말했습니다.

"사실이오? 그대에게 또 십만 냥을 주겠소. 그다음에 다른 소식은 없소?"

"있습니다. 상가가 세상에 출현하셨습니다."

"상가가 출현했다고? 정말이오? 또 십만 냥을 주겠소."

상가는 한자어로 승가僧伽이며, 부처님의 제자를 뜻합니다.

이렇게 해서 불법승 삼보가 세상에 출현했다는 소식을 전해 준 상인들에게 총 삼십만 냥을 주기로 약속했습니다.

그러고는 마하깝삔나 왕은 그 자리에서 출가를 선언하고, 오백 명의 신하들에게 말했습니다.

"나는 성으로 돌아가지 않고 출가해서 부처님의 제자가 되겠소. 그대들은 마음대로 하시오."

"저희들도 같이 출가하겠습니다."

오백 명의 신하들도 마하깝삔나 왕을 따라 출가하기로 결심했습니다. 마하깝삔나 왕은 약속대로 상인들에게 삼십만 냥을 주라는 내용의 보증서를 써 주었습니다. 그러고는 왕비를 찾아가서 보증서를 보여 주고 삼십만 냥을 받으라고 말했습니다.

드디어 마하깝삔나 왕은 오백 명의 신하들과 함께 출가하기 위해 부처님이 계신 슈라와스티로 길을 떠났습니다. 그런데 말을 타고 가다가 도중에 큰 강을 만났습니다. 오백 명이나 되는 사람들이 강을 건너야 하는데 뗏목도 없고 배도 없어 몹시 난감했습니다. 그때 이 진실의 맹세를 했습니다.

> 우리는 진실로 삼보에 귀의합니다.
> 이 진실의 맹세에 의한 초월적인 힘으로
> 재앙은 소멸하고 소원은 성취하여지이다.

마하깝삔나 왕이 출가할 때 쓴 주문입니다. "우리는 진실로 삼보에 귀의합니다. 이 진실의 맹세에 의한 초월적인 힘으로 강물이 땅으로 변하여 무사히 건너지이다." 이 말을 하자마자 강물이 땅으로 변해서 말을 타고 오백 명이 건넜습니다. 그것을 세 번이나 했습니다. 처음에는 "우리는 진실로 붓다에 귀의합니다." 해서 건너고, 두 번째는 "우리는 진실로 담마에 귀의합니다.", 세 번째는 "우리는 진실로 상가에 귀의합니다." 해서 큰 강 세 개를 말을 탄 채로 무사히 건넜습니다. 그리하여 마침내 부처님을 만나 출가 제자가 되었습니다.

한편, 상인들은 마하깝삔나 왕의 사인이 새겨진 보증서를 들고 왕비한테 갔습니다.

왕비가 보증서를 읽고 나서 말했습니다.

"아니, 도대체 무슨 말을 했기에, 이렇게 큰돈을 내주라는 것이오?"

상인이 왕비에게 말했습니다.

"별말이 아니오라 새로운 뉴스를 전했습니다."

"무슨 소식인지 말해 보시오."

"붓다가 이 세상에 출현하셨습니다."

"정말이오? 그게 사실이오?"

왕비는 깜짝 놀라며 기뻐서 재차 물었습니다.

"그래서 십만 냥을 주기로 했습니다. 그다음에 담마가 세상에 출현했다고 해서 십만 냥, 그다음에 상가가 세상에 출현했다고 해서 십만 냥, 이렇게 해서 합이 삼십만 냥입니다."

"아니 그런 소식을 전했는데 삼십만 냥을 주기로 했단 말이오? 육십만 냥은 줘야지. 호호호."

왕비는 한술 더 떠서 상인들에게 배로 사례를 했습니다. 사실 왕비는 과거 생에 마하깝삔나 왕이 직조공이었을 때 그의 아내였습니다. 그때 남편과 같이 공덕을 지었기 때문에 이 왕비도 삼보의 출현 소식을 듣고 크게 기뻐한 것입니다.

왕비는 마하깝삔나 왕과 함께 출가한 신하들의 부인들을 불러서 물었습니다.

"왕하고 대신들이 모두 출가를 했다는데, 그대들은 어떻게 하겠습니까? 나도 왕을 따라서 지금 출가하러 떠날 생각입니다."

"저희들도 따라가 부처님의 제자가 되겠습니다."

이렇게 해서 또 오백 명이 출가하여 비구니가 되었습니다.

부처님께서 법문을 설하시는 것을 듣고 먼저 출가한 오백 명의 비구들은 아라한과를 얻었고, 나중에 출가한 비구니들은 수다원과를 얻었다고 합니다.

출가해서 아라한과를 얻은 마하깝삔나 장로는 애착이 제로가 되었습니다. 걸릴 것이 없어지니까 궁극적인 행복을 얻은 것입니다. 그래서 매일 아침저녁으로 도량을 돌아다니면서 이렇게 외쳤습니다.

"아! 행복하다. 이 얼마나 행복한가!"

그 모습을 보고 다른 제자들이 부처님께 말했습니다.

"마하깝뻰나 장로는 옛날 임금으로 살 때를 생각하면서 행복하다고 하는 것 같습니다."

부처님께서 마하깝뻰나 장로를 불러서 물었습니다.

"그대는 왜 그러고 다니시오? 왕으로 지낼 때를 회상하면서 그러는 것이오?"

"아닙니다. 제가 왕이었을 때는 오히려 행복을 느끼지 못했습니다. 나라를 지키기 위해 사방팔방 눈치 보면서 다니느라 마음 편한 날이 없었습니다. 그러다 출가해서 아라한과를 얻고 나니 얼마나 행복한지 모릅니다. 그래서 행복하다고 외치면서 다닌 것입니다."

마하깝뻰나의 말을 듣고, 부처님께서 이 게송을 읊어 주셨습니다.

법을 맛본 이는
고요한 마음으로 행복하게 살아간다.
지혜로운 이는 언제나
깨달음의 진리를 즐거워한다.

이것이 법희선열입니다. 법의 기쁨, 선의 즐거움이야말로 진정한 행복입니다. 또 지혜로운 이는 일이 잘되든 못 되든 간에 있는 그대로를 관찰하면서 관찰자의 행복을 느낍니다. 관찰자의 행복은 언제 어디서나 느낄 수 있습니다.

불법승 삼보야말로
진정한 행복이다

●

어느 날 비구들 간에 '진정한 행복'에 대해 토론회가 열렸습니다.

누구나 행복해지기를 원하는데, 행복이란 무엇일까? 저마다 한마디씩 이야기했습니다. 어떤 사람은 사방팔방 다니면서 맛있는 것을 먹는 미식 여행이 최고의 행복이라 말하고, 또 어떤 사람은 돈과 권세가 있어 사람들이 자기 앞에서 꼼짝 못하는 것, 이것이 행복 아니냐고 하고, 또 어떤 사람은 그것보다 아름다운 미녀들과 즐기는 것이 행복이라고 말하는 등 여러 가지 이야기가 쏟아져 나왔습니다.

이렇게 오백 명의 비구들이 떠들썩하자, 부처님께서 오셔서 비구들에게 이 게송을 설해 주셨습니다.

> 행복은 붓다가 세상에 나심이요,
> 행복은 성스러운 진리를 배움이요,
> 행복은 붓다의 제자들이 서로 화합함이라.
> 더욱 큰 행복은 위의 셋이 잘 조화됨이라.

부처님께서 행복의 정의를 분명히 내려 주셨습니다. 이 불법승 삼보야말로 진정한 행복입니다. 부처님이 세상에 나시고, 성스러운 진리를 배우고, 또 부처님 제자들이 서로 잘 화합해서 사는 것, 이 세 가지가 조화된 것이 최상의 행복입니다. 왜냐하면 이 불법승 삼보야말로 해탈의 길로 인도해 주기 때문입니다.

일시적으로 탐진치를 충족해서 얻는 행복은 잠시일 뿐, 그 행복의 끝에는 고통이 수반됩니다. 그러나 해탈을 통해서 얻는 행복은 영원합니다.

6장

걸림돌이 디딤돌!
스트레스가
꽃을 피운다

　이 세상을 살면서 누구나 장애가 없기를 바랍니다. 하지만 장애가 없으면 발전이 없습니다. 스트레스 받았을 때, '어떻게 하면 극복할 수 있을까?' 이것을 연구함으로써 진전이 있는 것입니다. 어려움이 없기를 바라지 말고, 어려움이 닥쳤을 때 그것을 슬기롭게 극복해 나가면 오히려 그 일로 인해서 발전하게 됩니다.

　나 자신도 처음부터 스님이 되어 불교를 열심히 공부하고 참선할 생각을 했던 것은 아닙니다. 어느 날 갑자기 어렵고 힘든 일이 생겼습니다. '어떻게 헤쳐 나가야 되지?' 정신적 공황 상태에서 개선하려고 노력하다 보니까, 참선을 하게 되고 출가를 하게 되고 불교 공부를 하게 되었습니다. 그래서 많이 진전을 보았습니다. '만약 나에게 그런 힘든 일이 닥치지 않았다면, 요즘 내가 뭐 하고 있을까?' 생각해 보면 어려운 일을 겪은 것이 다행입니다. 어려움을 극복하려고 진리를 찾아 헤매다 보니까, 지금 이 자리까지 오게 된 것입니다.

　우리는 살아가면서 걸림돌이 없었으면 하고 바랍니다. 그런데 꼭 인생에 딴죽 거는 사람들이 있습니다. 또 오지 않았으면 하는 힘겨운 일들이 생깁니다. 왜냐하면 이 세계가 사바세계라서 그렇습니다.

극락세계에 가면 걸리는 일이 하나도 없습니다. 생각만 하면 생각대로 되는 것이 극락세계입니다. 내가 맛있는 것 먹고 싶다 하면 앞에 탁 나타나고, 내가 히말라야 산에 가고 싶다 하면 히말라야에 올라가 있고, 남태평양 바다에 가고 싶다 하면 남태평양 바다에 와 있습니다. 그러면 좋을 것 같지요. 원하면 원하는 대로 되는 것이 처음에는 좋은데, 나중에는 지루함을 느끼는 게 인간입니다.

살아가면서 내 뜻대로 되는 게 반, 안 되는 게 반, 이것이 사바세계입니다. '사바'는 인고토忍苦土, 고통을 참아 내는 땅이란 의미입니다. 사바세계에는 고통이 있기 때문에 수행하기에 좋은 세상입니다. 천상 세계에는 너무 즐거운 일만 있고 내 뜻대로 다 되니까 수행할 생각이 나지 않습니다. 또 저 지옥은 너무 고통스러워서 수행할 엄두도 내지 못합니다. 축생도 지혜가 없어서 수행을 하지 못합니다. 축생은 수다원과를 얻을 수 없다고 경전에 나와 있습니다.

사실 천상 세계보다도, 축생 세계보다도 더 수행하기 좋은 시절이 인간입니다. 인간의 몸을 받았다는 것이 수행하기에는 호시절을 만난 것입니다. 우리가 살아가면서 부딪히는 걸림돌, 장애, 이런 것들을 잘 관찰해서 수행하는 기회로 삼아야 합니다. 스트레스가 많이 생기면 스트레스를 잘 관찰해서 내 수행의 계기로 삼고, 스트레스가 없는 날은 공치는 날이라고 생각해야 됩니다.

행불의 노래입니다. 따라 해 보세요.

돌은 그냥 돌일 뿐이다.
걸려 넘어지면 걸림돌이요,
딛고 일어서면 디딤돌이다.
내가 선택한다. 내 작품이다.

마포에 서부지방법원이 있습니다. 제가 법원에 가서 한 달에 한 번씩 법회를 열어 주고 있습니다. 많지는 않지만 20여 명 정도 와서 듣고 있습니다.

얼마 전, 법원에 좀 일찍 가서 구내식당에서 공양을 하는데 한 분이 물었습니다. 제가 달라이라마 방한 집행위원장인 것을 아는 분이었습니다.

"스님, 달라이라마 존자가 방문할 가능성이 몇 퍼센트나 됩니까?"

그래서 제가 말했습니다.

"100퍼센트요."

그분이 의아한 표정을 지었습니다. 그래서 제가 다시 말했습니다.

"달라이라마 존자는 분명히 오십니다. 다만 시간문제일 뿐입니다. 내년에 오시느냐, 후년에 오시느냐, 몇 년에 오시느냐의 문제이지, 내가 추진하고 있기 때문에 분명히 오시긴 오십니다. 이렇게 내가 믿고 있으니까 추진회를 만들어서 하고 있는 것이지, 안 오실 거라 생각하면 내가 하겠어요? 어쨌든 오십니다. 우리들 노력에 따라서 빨리 오실 수도 있고, 늦게 오실 수도 있습니다. 그 차이입니다. 국제 정세라는 것도 변화하는 것입니다. 그래서 분명히 오신다는 확신을 갖고 하는 일입니다."

가능성은 100퍼센트입니다. 사실 모든 것은 변합니다. 제행무상의 법칙입니다. 달라이라마 존자가 지금 오실 수 있는 확률은 0퍼센트입니다. 우선 중국에서 반대합니다. 우리나라는 중국과 엄청난 무역 관계를 맺고 있는 데다 사대주의 근성이 강해서 중국 눈치 보느라고 정부에서 반대합니다. 종단에서도 대놓고는 아니지만 별로 반기지 않습니다. 그런 상황에서 어떻게 오실 수 있겠습니까? 그러나 국제 정세도 변하고 국가도 변하고 상황이 변할 수 있다고 봅니다. 중국과의 관계, 미국과의 관계도 언젠가는 변하고 종단의 역학 구조도 변할 테니, 그런 점에서 100퍼센트 오신다고 봅니다.

어떤 신발 회사에서 아프리카 시장 개척을 위해 직원 두 명을 조사차 보냈습니다. 그런데 두 직원의 보고서가 완전히 달랐지요. 한 직원은 아프리카에서 신발을 팔 확률이 전혀 없다고 했습니다. 신발을 아예 신지 않고 맨발로 다니는데 어떻게 팔 수 있겠느냐는 것입니다. 또 다른 직원은 가능성이 100퍼센트라고 했습니다. 왜냐하면 아무도 신발이 없으니 모두 다 사서 신을 거란 말이었습니다. 똑같은 상황인데 보는 시각에 따라서 가능성이 한쪽은 0퍼센트, 한쪽은 100퍼센트였던 것입니다.

회사에서는 가능성 100퍼센트로 보고 신발을 팔 수 있다는 직원을 파견했습니다. 그 직원은 아프리카에 가서 처음에 원주민들에게 신발을 무료로 막 나눠 주었습니다. 공짜라면 양잿물도 마신다는데, 너도나도 신발을 받아서 신고 다녔습니다. 다니다 보니 돌부리에 부딪혀도 괜찮거든요. 맨발로 다닐 때에는 돌부리에 부딪히면 발이 찢어지고 피가 났는데, 신발을 신고 다니니까 멀쩡했습니다. 신발의 편안함에 익숙해질 무렵부터 살살 팔기 시작했습니다. 그리고 나중에는 모두 사서 신었답니다. 100퍼센트였던 것입니다.

이렇게 상황이라는 것은 변합니다. 제행무상입니다.

또 스님한테 머리빗 팔기도 있습니다. 아니, 스님한테 어떻게 머리빗을 팔아요? 어떤 직원에게는 스님한테 머리빗 팔 확률이 0퍼센트, 어떤 직원에게는 100퍼센트입니다.

그런데 어떤 사람이 진짜 스님한테 머리빗을 팔러 온 겁니다.

"스님, 머리빗 좀 팔아 주세요."

"미쳤어? 내 머리 좀 봐라, 이 사람아."

"아니오, 스님보고 쓰시라는 게 아니고, 신도들한테 선물로 주시면 되잖아요."

듣고 보니 일리가 있습니다. 스님들도 가끔은 신도들한테 뭘 줄까, 이런 생각을 하거든요. 사실 마땅한 게 별로 없습니다. 그런데 머리빗은 특히 보살님들이 쓰는 물건입니다. 나무로 된 천연재료를 써서 만든 빗에다가, '업장을 쓸어 주는 빗, 월호 합장' 이렇게 딱 쓰는 겁니다. 아침마다 빗으면서 업장을 쓸어내린다. 야, 기발합니다.

살 때는 철저하게 살고,
죽을 때 또한 철저하게 죽는다

●

얼마 전 신문을 보니 고故 정주영 현대그룹 회장이 1982년 현대 직원들에게 특별 훈시를 한 내용이 실렸습니다. 선사들의 어록과 부처님의 열반송, 법구경 게송 등을 잘 인용해서 쓴 것을 보고 깜짝 놀랐습니다. 정주영 회장이 완전 불자였습니다.

생야전기현生也全機現
사야전기현死也全機現

생이란 모든 작용이 나타남이요,
죽는다는 것도 모든 작용이 나타남이다.

『서장』을 쓴 대혜 스님의 스승인 원오 극근 선사의 어록에 나오는 구절입니다. 이것은 도겐 선사가 쓴 『정법안장』에 전기全機라는 제목으로도 나오는데, 도겐 선사가 원오 극근 선사의 이 말을 이용해서 다음과 같이 말했습니다.

삶은 삶으로써 한때이고

죽음은 죽음으로써 한때이다.
생生이 오면 생과 마주하고 사死가 오면 사와 함께한다.
오늘은 내일을 위해 존재하는 것이 아니다.
오늘은 오늘로써 절대이다.

제가 이것을 가지고 석사 학위 논문을 썼습니다. 그런데 다른 사람도 아닌 기업가가 이 말을 인용하여 다음과 같이 아주 잘 썼습니다.

"생야전기현生也全機現 사야전기현死也全機現. 쉽게 말하면, 살 때는 삶에 철저해서 그 전부를 살아야 하고, 죽을 때는 또한 죽음에 철저해서 그 전부를 죽어야 한다는 뜻입니다.

우리가 인생을 살 때는 삶에 철저해야지 어중간하게 살지 말라는 것입니다. 내가 지니고 있는 잠재력을 조금도 유감없이 마음껏 발휘하라는 것입니다. 그것이 삶의 양상입니다. 또한 죽을 때는 어떻게 하는가? 미련 없이 두려워하지 말고 온전히 죽어 버리라는 것입니다. 어중간하게 반만 죽지 말라는 것이지요.

삶에 철저할 때는 털끝만큼도 기분 나쁜 죽음 같은 것은 생각할 필요가 없습니다. 사는 것도 나 자신의 일이고, 죽는 것 또한 나 자신의 일이라면, 살 때는 철저하게 살고, 죽을 때는 또한 철저하게 죽지 않으면 안 됩니다. 살아 있는 동안에는 전력을 다해서 살아야 하고, 죽을 때는 미련 없이 신속하게 물러나와 버려야 합니다.

꽃은 질 때도 아름다워야 합니다. 사람이 사는 것도 마찬가지입니다. 생과 사를 물을 것 없이 그때그때의 자기 인생에 최선을 다하는 것, 이것이 생야전기현 사야전기현입니다."

여기까지 읽어 보고 대단하다는 생각이 들었습니다. 큰스님이 법당에서 법문하는 그런 내용하고 똑같습니다. 더군다나 정주영 회장은 그것을 자기 생활에서 구현했지요. 그냥 말만 그렇게 한 것이 아니라 정말 삶의 현장에서, 제가 항상 쓰는 말, 완전 연소했습니다. 살 때는 삶을 완전 연소하고, 죽을 때는 죽음을 완전 연소한 것입니다. 완전히 태워서 찌꺼기가 남지 않은 그런 선적인 삶을 살다 갔습니다.

이것을 보면 생사관이 뚜렷하다는 것이 중요합니다. 생사관이 뚜렷한 사람이 살 때는 열심히 살고, 죽을 때는 미련 없이 열심히 죽습니다. 열심히 죽는다고 하니 이상하지만 완전히 죽는 것을 말합니다. 완전히 죽지 않으니까 다시 태어나는 것입니다. 완전 연소가 되지 않아 윤회하고 맙니다. 완전히 죽는 것이 아라한입니다. 그래서 아라한은 불생不生, 다시 태어나지 않습니다.

다음은 부처님의 열반송을 인용한 훈시 내용입니다.

"석가모니 부처님이 제자들에게 남긴 마지막 유언이, '모든 것은 변한다. 게으르지 말고 부지런히 정진해라.'입니다. 정말 간단하지요. 45년 동안 수행하면서 성자의 대접을 받던 사람이 한 마지막 말치고는 너무나 평범하지만, 생각하면 할수록 의미가 있습니다.

모든 것은 변하는 것입니다. 이것이 우주의 질서입니다. 우리 마음도 변하잖아요. 문제는 '어떻게 변하느냐?' 이것입니다. 생산적으로 변하느냐, 창조적으로 변하느냐, 변해야 한다는 것입니다. 이것이 우주의 실상입니다.

게으르지 말라는 것, 이것이 굉장한 주문입니다. 석가모니가 말하는 최고의 악덕이란 게으름입니다. 게으른 것은 어떻게 해 볼 재간이 없습니다. 게으름은 습관과 함께 시작됩니다. 본래부터 게으른 사람이 어디 있습니까? 하루하루 게으름이란 누룽지가 생긴 것이지, 본래부터 게으른 사람은 없습니다.

악덕은 습관과 함께 시작됩니다. 습관은 무엇과 함께 시작되느냐 하면 '녹'입니다. 아무리 강철 호미를 지녔다 하더라도 게으름의 악덕이 녹슬게 만듭니다. 여러분, 아무리 총명하고 밝은 지혜와 바른 심성을 지녔어도 게으르면 그것이 녹슬고 맙니다.

오늘 할 수 있는 일을 내일로 미루지 마십시오. 내일 죽음이 닥칠지 누가 압니까. 내일 큰 재난을 당할지 누가 압니까. 오늘 해야 할 일을 하는 것이 오늘의 내 삶이고 내 과제입니다. 그럼으로써 하루하루 순간순간 인생의 질을 높일 수가 있습니다."

부처님께서 "모든 것은 변한다. 그러니까 게으르지 말고 방일하지 말고 부지런히 정진해라."라고 말씀하시고 입적하셨습니다. "모든 것은 변한다." 이것은 진리입니다. 신도 죽습니다. 만약에 죽지 않는다면 그것은 존재하는 것이 아닙니다. 존재는 다 변하게 되어 있습니다. 만약에 변하지 않는다면 그것은 존재하는 것이 아닙니다. 그래서 우리가 이 변화를 긍정적 변화로 창조하자는 것입니다. 이것이 삶의 주인공이 되는 비결입니다.

30여 년 전에 남긴 훈시인데 지금 보아도 아주 잘 썼습니다. 여기다 행불선원 법회라고 써 넣어도 전혀 어색하지 않을 정도입니다. '정주영 회장이 단순한 기업가가 아니었구나. 생사관이 투철하게 잡혀 있었기에 그런 큰일을 할 수 있었구나.' 하고 다시 한 번 느꼈습니다.

스트레스는 게스트guest이다

●

손가락을 움직여도 보는 성품은 부동이요,
티끌은 움직여도 허공은 움직이지 않는다.
이와 같이 중생들은 요동하는 것으로 티끌을 삼고
머물지 않는 것으로 손님을 삼아야 한다.

『능엄경』에 '견불객진遣拂客塵'이라고 나옵니다. 보낼 견遣 자, 털어 낼

불拂 자입니다. 큰스님들이 불자를 흔든다고 그러는데, 같은 불拂 자를 씁니다. 불자란 총채같이 생긴 것으로, 먼지를 털어 내거나 파리나 모기를 쫓아내는 데 사용합니다. 객客은 손님이고, 진塵은 티끌입니다. 손님은 보내고 먼지는 털어 낸다는 의미입니다.

우리에게 오는 스트레스는 본래 주인이 아니고 게스트입니다. 손님이 왔으면 얼른 대접해서 보내는 것이 상책입니다.

소리는 생멸이 있으나
소리를 듣는 성품은 항상 존재한다.

『능엄경』에 나오는 "성유생멸聲有生滅 문성상재聞性常在"라는 말입니다. 종을 딱 치면 소리가 생겨났다가 점 점 점 점 줄어들어서 없어집니다. 이것이 생멸입니다. 이렇듯 소리는 생멸이 있으나 소리를 듣는 성품은 항상 존재한다는 것입니다. 소리가 생겨났다고 성품이 생겨났다가, 소리가 없어졌다고 성품이 없어지는 것이 아니라는 말입니다. 그래서 성품이 주인이고, 소리는 게스트입니다. 그것처럼 스트레스는 게스트입니다.

주인과 손님을 잘 알아야 합니다. 거꾸로 손님을 주인으로 알고, 본래 주인은 있는지조차 모르면 안 됩니다. 손님이 왔을 때는 빨리 내보내야 합니다. 손님을 오랫동안 놔두면 주인 행세를 하려고 하기 때문입니다.

그래서 귀신 들린 것도 초기에 내보내야 잘 나갑니다. 들어와서 몇 년, 몇십 년 있으면 잘 나가지 않습니다. 내 집이라 여기고 눌어붙으려

합니다.

구명시식에는 두 가지가 있습니다. 관음시식과 화엄시식입니다. 관음시식은 관세음보살을 모셔 가지고 영가를 달래서 내보내는 것이고, 화엄시식은 화엄성중을 모셔 가지고 영가에게 겁을 주어서 내보내는 것입니다. 평상시에는 관음시식을 주로 하는데, 좀 험악하게 죽은 사람이나 애착이 많은 사람 또는 문제가 있는 사람일 때는 화엄시식을 합니다.

잡념이 일어나면 곧바로 알아차려라.
알아차리면 곧 사라지리라.

『좌선의』에 나오는 "염기즉각念起卽覺 각지즉실覺之卽失"이라는 말입니다. 잡념이 일어나면 곧바로, '잡념이 일어났구나.' 이렇게 알아차려야 하듯이, 스트레스 받는 일이 생기면 곧바로, '스트레스 손님이 오셨구나.' 이렇게 알아차리고 되도록 빨리 보내야 합니다.

인과 연으로 생겨난 존재를
나는 곧 공이라고 말한다.
또한 이것은 가명이며
또 이것이 중도의 이치이다.

『중론』에 "중인연생법衆因緣生法 아설즉시공我說卽是空 역위시가명亦爲是

假名 역시중도의亦是中道義"라고 나오는 게송입니다.

인과 연이 만나서 생겼으니까 실체가 없습니다. 그래서 공이라고 합니다. 이것은 일시적으로 있는 이름, 가명이고, 또 이것은 유有도 아니고 무無도 아닌 중도입니다.

여러분이 지금 있습니까, 없습니까? 몸뚱이가 있습니다. 그런데 이것이 앞으로 백 년 후에는 어떻게 될까요? 사라집니다. 그러니까 지금 있지만 없어지고, 또 없어진다고 아주 없어지는 것이 아니라 다시 태어납니다. 있다가 없어지고 없다가 다시 생겨나는 것, 이것을 중도라고 합니다.

중도에는 고락중도와 유무중도가 있습니다. 부처님께서 처음 설하신 법문인 중도법이 고락중도입니다. "너희는 고행도 하지 말고 쾌락에도 빠지지 마라." 고통과 쾌락의 중도로 가라고 한 것입니다. 그리고 유무중도는 앞에서 설명한 유와 무의 중도입니다. 우리가 백 년 천 년을 살 것처럼 그렇게 살면 안 된다는 것입니다. 앞으로 내일 죽을지, 십 년 후에 죽을지, 삼십 년 후에 죽을지 모릅니다. 없어지는 것이고 사라진다는 것을 알고 살아야 합니다. 그렇다고 해서 있는 데 너무 애착하지 말고, 없는 데 너무 애착하지 말아야 합니다. 없는 데다 너무 초점을 맞추고 살다 보면 현실을 무시하게 됩니다. 현실을 무시해도 안 되지만 너무 애착해서도 안 됩니다. 제행무상, 모든 것은 변한다는 이치에 입각해서 살아야 합니다. 그것이 바로 중도입니다.

범부는 잡념이 생겨나서 머물렀다

사그라져야 비로소 알아차린다.
초발심보살은 잡념이 생겨나서
머무르는 동안 알아차려 내보낸다.
일정 경지에 오른 보살은 잡념이
일어나자마자 알아차려 내보낸다.
보살 십지에 이른 이는 방편으로
생각 일으키나 일으켰다는 생각이 없다.

『대승기신론』의 가르침입니다. 우리는 마음공부가 될수록 빨리 알아차리고 빨리 내보낼 수 있습니다. 범부는 생주이멸, 마음이 생겨나 머물고 변화하다 소멸하는 과정을 다 겪어야 그때서야 알아차립니다. 초발심보살은 잡념이 생겨나서 머무르는 동안 알아차려 내보냅니다. 일정 경지에 오른 보살은 잡념이 일어나자마자 알아차려 내보냅니다. 보살 십지까지 이른 이는 방편으로 생각을 일으키지만 거기에 매이지 않습니다. 중생을 제도하겠다는 생각을 일으키지만 거기에 걸리지 않습니다. 응무소주應無所住 이생기심而生其心, 머무는 바 없이 그 마음을 일으키는 것입니다.

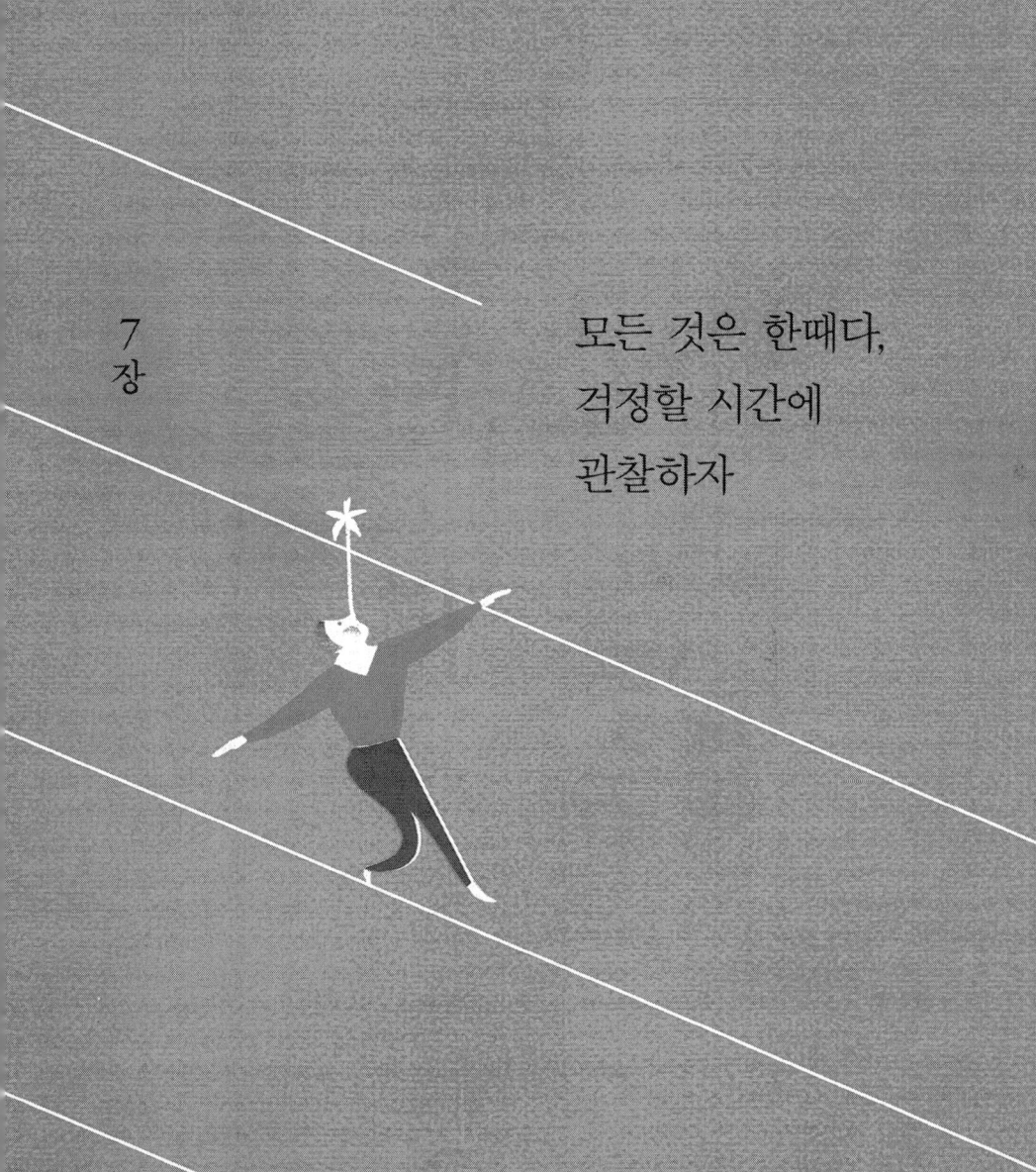

7장

모든 것은 한때다,
걱정할 시간에
관찰하자

그럼에도 불구하고 우리는 행복하다.
행복도 내 작품이다.

이렇게 매번 반복하면서 행복해지는 비결을 공부하는 이유는 확실히 알기 위해서입니다. 여러분이 아는 게 적어서 불행한 것이 아닙니다. 정보화 시대이다 보니 오히려 머릿속에 든 게 많아서 불행합니다. 하지만 한 가지를 알더라도 확실하게 알아야 합니다. 그래서 반복 학습이 중요합니다.

부처님 당시에 '에꾸다나'라는 비구가 있었습니다. 에꾸다나 비구는 사왓티 근처 숲속에서 혼자 살면서 게송을 읊었습니다. 이 스님이 아는 게송은 한 가지밖에 없었습니다. 그래서 만날 아침부터 저녁까지 그 게송만 읊었습니다.

그런데 이 스님이 게송을 읊을 때마다 숲속에 사는 목신들이 박수를 보내 주었습니다.

"와! 대단한 법문이다."

매일 똑같은 것을 읊는데도 할 때마다 환호성과 함께 박수를 치는 겁니다.

그러던 어느 날 스님 두 분이 에꾸다나 비구가 사는 숲속에 왔습니다. 두 스님은 절에서 오백 명씩 제자를 거느린 대강사스님이었습니다.

에꾸다나 비구는 두 스님에게 정중히 인사하고 부탁을 드렸습니다.

"스님들 잘 오셨습니다. 이 숲에는 많은 목신이 있어서 제가 게송을 읊으면 목신들이 환호성과 함께 박수를 보내 줍니다. 마침 강사스님들이 오셨으니, 법문을 해주십시오."

강사스님들은 반신반의하여 에꾸다나 비구에게 물었습니다.

"사람도 없고 나무밖에 없는데 어디에다 대고 강의를 하느냐?"

그러자 에꾸다나 비구가 말했습니다.

"아, 지금 목신들이 박수를 치고 있습니다."

"그래? 그럼 한번 해 볼까?"

그러고는 두 강사스님이 두 시간이 넘도록 주거니 받거니 하며 강의를 했습니다. 그런데 목신은커녕 쥐새끼 한 마리 나타나지 않았습니다.

"이게 어찌 된 일이냐? 네가 거짓말을 했구나."

두 강사스님이 화가 났습니다.

"제가 할 때는 분명히 환호성을 쳤는데요."

"그럼 네가 한번 해 봐라!"

그래서 에꾸다나 비구가 유일하게 알고 있는 그 게송을 읊었습니다. 그러자 목신들이 "우아!" 하고 박수를 쳐 주었습니다.

두 강사스님은 이상하게 여기고 부처님께 가서 여쭈었습니다.

"부처님, 그 목신들이 아무래도 편파적인 것 같습니다."

"자기네 동네사람이라고 박수친 것 같습니다. 우리처럼 대강사가 두 시간이나 설법을 했는데 인기척도 없더니, 애꾸다나 비구가 매일 하는 그 게송을 읊으니까 박수를 쳤습니다."

그러자 부처님께서 말씀하셨습니다.

"그렇지 않다. 많이 아는 것이 중요한 게 아니고, 게송 하나라도 확실하게 알아서 그것을 자기 마음으로 실행하는 것이 중요하다. 그 목신들은 거기에 환호한 것이다."

여러분도 마찬가지입니다. 팔만대장경을 다 알 필요는 없습니다. 단지 한 가지를 알더라도 확실하게 알아야 합니다. 그리고 그것을 마음으로, 행동으로 실천하면 거기에 목신들이 박수를 치는 것입니다.

> 잘나가는 것도 한때요,
> 못 나가는 것도 한때다.
> 잘나갈 때 공덕 짓고
> 못 나갈 때 공부 짓자.

행불의 노래입니다. '모든 것은 한때다.' 이것은 진리입니다. 참 살아 보니까 진짜 한때더라고요. 저도 한때 잘나갔습니다. 한 3년가량 아침 10시에 '당신이 주인공입니다' 방송을 할 때가 전성기였습니다. 장충체육관에서 행사를 하는데 육천 명이 와서 다 들어오지 못하고 밖에서 맴돌다 간 사람도 있었습니다. 또 절에서 행사 한 번 하면 몇백 명은 기본이고, 조금 홍보하면 몇천 명씩 몰렸습니다. 저는 그것을 당연하게 여겼고 항상 그럴 줄 알았습니다. 그런데 웬 걸, 그러고 끝이었습니다.

그리고 송파에 처음 행불선원을 개원했는데 초급반에 한 삼백 명이 와서 미어터졌습니다. 그런데 지금은 몇십 명밖에 오지 않습니다.

항상 오르막길이 있으면 내리막길이 있습니다. 잘나갈 때는 공덕을 많이 지어야 합니다. 법보시든 재보시든 보시 공덕을 많이 지어야 못 나갈 때 부드럽게 떨어집니다. 잘나갈 때 공덕을 짓지 않고 완전히 제로가 될 때까지 누리기만 하면 떨어질 때 확 떨어집니다. 그래서 갑자기 패가망신하거나 자살하는 겁니다.

그러니 잘나갈 때는 공덕을 지을 찬스라고 여기고, 못 나갈 때는 공부할 찬스라고 생각하면 됩니다. 조금 잘나갈 때는 계속 공덕을 짓고, 그 다음 되는 일이 없고 못 나갈 때는 '아, 지금 나보고 공부하라는 이야기구나.' 하고 공부에 전념하다 보면 서서히 공덕이 쌓여서 또다시 잘나가게 됩니다.

'모든 것은 한때다.' 이것은 공사상하고도 상통합니다. 제행무상, 모든 존재는 변한다는 소리입니다. 변화하지 않는 것은 존재하지 않습니다.

우리처럼 물질적 존재는 어떻게 변합니까? 물질은 생로병사, 태어나서 늙고 병들어 죽습니다. '마음' 정신적 존재는 생주이멸, 생겨나서 머물렀다가 변화해서 소멸합니다. 천상 세계 천신들도 수명이 있어서 생주이멸합니다. 다만 인간보다는 수명이 훨씬 깁니다. 또 우주는 성주괴공成住壞空, 이루어졌다, 머물렀다, 무너져서 공해집니다.

물질적 존재이든 정신적 존재이든 우주까지도 모두 다 변합니다. 그것이 바로 제행무상입니다. 그래서 변하는 것이 진리이고 변하지 않는 것은 진리가 아닙니다.

부처님 당시에 부처님과 아난 존자가 탁발을 다녔습니다.

하루는 아난 존자가 성안으로 탁발을 갔다가 돌아와서 부처님께 말했습니다.

"부처님, 제가 오늘 기이한 일을 목격했습니다."

"무슨 일인데 그렇게 기이했느냐?"

"제가 탁발을 하러 성안으로 들어가는데, 성문 근처에서 풍악쟁이 한 패거리가 북 치고 장구 치고 꽹과리 치면서 신나게 놀고 있었습니다. 그런데 잠깐 동안 탁발을 마치고 나올 때 보니까 그 풍악쟁이들이 다 죽어 있었습니다. 기이한 일입니다."

그러자 부처님께서 말씀하셨습니다.

"그래? 여래는 어제 그것보다 더 기이한 일을 보았느니라."

"그것보다 더 기이한 일이라고요? 어떤 일을 보셨습니까?"

"어제 여래가 성안으로 탁발을 하러 들어가는데 그 풍악쟁이들이 열심히 놀고 있더구나."

"그런데요?"

"잠깐 동안 탁발을 마치고 나올 때 보니까 그때도 열심히 놀고 있더구나."

이 대목에서 감탄을 해야 합니다. 제행무상의 이치에 통달한 입장에서 보면 변화하지 않은 게 기이한 일이라는 것입니다.

불교는 변화를 사랑하는 종교입니다. 적극적인 변화를 하자는 것이 부처님의 가르침입니다. 기왕에 변할 바엔 적극적인 변화! 변화를 넘어선 진화입니다. 금생에 인간의 몸 받았으면 다음 생엔 최소한 '천상'에 태어나야 합니다. 그다음 생에는 '해탈'을 해야 합니다. 그다음 생에는 보살로서 '원생'을 해야 합니다. 한 단계씩 업그레이드를 시켜야 합니다. 이것이 바로 변화를 넘어선 진화입니다.

금생에 인간으로 태어났으니 최소한 다시 인간의 몸 내지는 천상에 태어나려면 수다원과에는 이르러야 합니다. '행복도 불행도 내 작품이다.' 이것만 확실히 믿어도 수다원과에는 진입한다고 했습니다. 왜냐하면 더 이상 살생, 투도, 사음, 망어, 이 네 가지를 하지 않기 때문입니다. '행복도 불행도 네 작품이다. 너 때문에 내가 괴롭다.' 이렇게 생각하니까 삼악도에 떨어지는 것입니다.

모든 것은 한때입니다. 우리 목숨도 한 호흡 간에 있습니다.

옛날, 중국에 '장조류'라는 사람이 살았습니다. 장조류는 큰스님과 절친한 사이였습니다.

어느 날 큰스님이 장조류에게 수행을 권했습니다.

"이보게, 자네도 나이를 먹었으니까 수행을 좀 하게나."

그러자 장조류가 말했습니다.

"스님 말씀을 따르겠지만 세 가지만 끝내 놓고 하겠습니다."

"그 세 가지가 뭔가?"

"첫째는 제가 지금 하는 일로 빨리 돈을 벌어서 부자가 되는 것이고, 둘째는 아들딸을 모두 좋은 데로 혼인시키는 것이고, 셋째는 아들이 출세하는 것을 보는 것입니다."

그런데 얼마 있지 않아 장조류가 갑자기 죽고 말았습니다.

큰스님이 문상을 가서 이렇게 조문을 지었습니다.

> 나의 친구 장조류여, 수행을 권하니
> 세 가지 일 마친 후에 한다고 했지.
> 염라대왕 그 양반도 분수가 어지간히 없네.
> 세 가지 일 마치기도 전에 갈고리로 끌고 가다니…

이것만 해 놓고, 저것만 해 놓고…, 이러다 보면 한도 끝도 없습니다. 만날 미루기만 합니다. 이것이 실제 상황입니다.

제가 아는 어떤 불자에게 말했습니다.

"기도도 하고, 참선도 하고, 아직 젊을 때 열심히 하십시오."

"네, 꼭 해야지요. 일단 우리 아이, 대학은 보내 놓아야 하지 않겠습니까?"

"그래요? 그럼 대학 보내고 하십시오."

그리고 자녀가 대학에 들어가자 이렇게 말했습니다.

"우리 아이, 취직하는 것은 봐야지요."

그러면서 만날 미루었습니다.

이 핑계 저 핑계 대다가 이제 자기가 먼저 저세상 가는 겁니다. 염라대왕이 "아이 취직한 다음에 내가 데려갈게." 이러겠습니까? 항상 바로 지금 여기서 할 수 있는 만큼 하면 됩니다. 이다음에 해야지 하지 말고, 시간이 있는 만큼 공부하고 수행하면 됩니다.

제가 사는 '국사암'에 갑자기 재齋가 들어왔습니다.

십여 년 전에 제가 쌍계사에서 불교학생회를 조직해서 학생들을 지도했습니다. 그때 화계중학교에 다니던 학생이 있었는데, 어느덧 세월이 흘러 서울에 있는 일류 대학에 다녔습니다.

그 학생이 밤에 멀쩡하게 잠이 들었는데, 아침에 보니까 심장마비로 죽어 있었습니다. 젊은 친구가 하루아침에 죽은 것입니다. 그 부모의 마음이 어떻겠습니까? 저 역시 잘 아는 학생이어서 재를 지내는 내내 마음이 아팠습니다.

이런 경우가 비일비재합니다. 요즘은 교통사고로 죽는 경우도 많습니다. 저도 방송한다고 몇 년 서울에서 국사암까지 들락날락하면서 사고

분발하라, 오늘 해야 할 일을 당장 실천하라.
내일 죽음이 찾아올지 누가 알겠는가.
우리는 늘 죽음의 강한 힘과 마주하고 있지 않은가.
몸과 마음을 관찰하여 일념으로 집중된 사람은
하룻밤을 살아도 행복하리라!

날 뻔한 적이 두세 번 있습니다.

한번은 커브 길에서 커브를 도는데 맞은편에서 제 차선으로 차가 오고 있었습니다. 가만히 보니까 상대방이 커브 길에서 추월을 하면서 제 차선으로 들어온 겁니다. 제가 급격히 속도를 줄이자, 상대방 차가 아슬아슬하게 피해서 자기 차선으로 들어가는 바람에 사고가 나지 않았습니다.

나만 잘한다고 해서 사고가 나지 않는 것이 아닙니다. 나는 내 차선에서 규정 속도로 달리고 제대로 운전해도 상대방이 넘어와서 받는데 어쩔 도리가 없습니다. 그것이 연입니다. 내가 내 차선에서 운전을 잘하는 것은 인입니다. 인은 내가 다스릴 수 있지만 연까지는 내가 다스리지 못합니다.

그리고 한번은 겨울에 운전하다가 빙판길에서 미끄러져 떨어질 뻔한 일이 있습니다. 그때 '관세음보살'만 생각났습니다. 위급할 땐 '나무관세음보살'이 최고입니다. 기도하는 분들은 '관세음보살', 참선하는 분들은 '마하반야바라밀' 하면 됩니다.

앉으나 서나, 오나 가나, 자나 깨나, 죽으나 사나 연습해야 합니다. 그런데 연습에도 단계가 있습니다. 첫 번째 단계가 앉으나 서나 관세음보살, 두 번째는 동정일여動靜一如, 오나 가나 관세음보살, 그다음이 자나 깨나 관세음보살, 그다음이 죽으나 사나 관세음보살, 이것이 점점 공부가 익어가는 단계입니다.

생사 일대사가 닥쳤을 때, '관세음보살' 아니면 '마하반야바라밀' 둘

중에 하나가 생각나야지, 통장이 생각난다든가, 아이들이 생각난다든가, 남편이 생각난다든가, 이러면 바로 윤회의 길로 들어서게 됩니다. 그래서 평상시에 연습을 해 둬야 합니다.

모든 것은 한때이고 변하니까 가장 중요한 시간이 바로 지금입니다. 가장 확실한 공간이 여기! 가장 소중한 사람이 나와 대면하고 있는 사람입니다.

이미 지나간 일을 후회하고 걱정한들 소용없습니다. 아직 오지 않은 일을 미리 걱정한들 소용없습니다. 물론 계획은 세워야 합니다. 계획과 걱정은 다르니까요. 그리고 서원을 세워야 합니다.

젊은 사람들이 이런 질문을 잘 합니다.

"불교에서는 항상 마음을 비워라, 욕심을 없애라, 이렇게 말하는데, 도대체 이 치열한 경쟁 사회에서 어떻게 욕심 없이 살 수 있겠습니까?"

불교에서는 욕심을 없애라는 말을 하지만 한편으로 서원을 세우라고 합니다. 욕심을 비우고 그 자리를 서원으로 채워 놓으라는 것입니다.

나와 내 가족만을 위한 것이 욕심이고, 나와 남, 모두를 위한 것이 서원입니다. 그래서 욕심은 없애야 하고 서원은 세워야 합니다. '일체 중생을 제도하겠습니다. 아는 만큼 전하고 가진 만큼 베풀겠습니다.' 이러한 것이 다 서원입니다.

'그냥 연 따라 살지 뭐. 부처님이 다 알아서 하시겠지. 내가 포교하지 않아도 스님들이 알아서 해주시겠지…' 이런 생각은 불교를 잘못 알고 있고 서원을 세우지 않았기 때문입니다. 그것은 참다운 불자가 아닙니다.

불자는 욕심을 내서도 안 되지만 그렇다고 서원마저 없어서도 안 됩니다. 서원마저 없으면 무기력하고 염세적이고 허무주의적인 사람이 됩니다. 그리고 이 엄청난 경쟁 사회 속에서 도태되기 십상입니다. 그러나 서원을 세우면 원력이 생겨납니다. 사람이 뭔가 하고자 하는 일이 있을 때 눈이 반짝반짝해집니다. 원을 세우니까 열심히 살게 됩니다.

그래서 응무소주 이생기심, 머무는 바 없이 그 마음을 내라는 것입니다. 마음을 내라는 것은 서원을 세우라는 말입니다. 서원을 세워서 열심히 살되 머무는 바 없다는 것은 애착을 하지 말라는 소리입니다.

서원은 과정을 즐기는 것입니다. '일체 중생을 제도하겠습니다.' 하고서 일체 중생을 언제 다 제도하겠습니까? 그 과정을 즐기고 결과에 연연하지 않습니다.

서원은 능동적이어야 하고 연습해야 합니다. 여러분이 '아는 만큼 전하고 가진 만큼 베풀겠습니다.' 하고 서원한다면 자꾸 아는 만큼 전하고 가진 만큼 베푸는 연습을 해야 합니다.

모든 것은 한때입니다. 그러니 걱정할 시간에 관찰하는 것입니다. 관찰과 기도의 힘으로 자력도 충실하고 타력도 충실히 가피를 받아서 헤쳐 나가는 것, 이것이 바로 불교의 올바른 신앙입니다.

8장

리셋!
크고 밝고
둥글게

'리셋reset'이란 말 그대로 다시 세팅setting한다는 것입니다. 우리 마음가짐이 어수선하고 복잡하거나 또는 근심 걱정에 잠겨 있거나 우울한 것을 본래 마음자리로 다시 세팅한다는 말입니다.

본 마음자리는 본래 공空한 것입니다. 그래서 불교는 성선설도 아니고, 성악설도 아닙니다. 성공설性空說입니다. 인간의 본성은 선한 것도 아니고, 악한 것도 아닙니다. 공한 것입니다.

공空하다는 것은 텅 비어 있다는 것입니다. 텅 비어 있기 때문에 고정된 실체가 없습니다. 고정된 실체가 없기 때문에 나의 행위가 나를 만들어 갑니다. 선한 행을 하면 선인이 되고, 악한 행을 하면 악인이 됩니다.

여러분도 마찬가지입니다. 지금까지 아무리 악행을 거듭했다 하더라도 이제부터 선행을 시작하면 선인이 되어 갑니다. 또 지금까지 아무리 잘 살아왔다 하더라도 이제부터 악행을 시작하면 악인이 되어 갑니다. 그것이 바로 고정된 실체가 없다는 것입니다. 또한 여러분이 무한한 가능성을 갖고 있다는 반증이기도 합니다. 부처의 행을 하면 부처가 되고,

축생 같은 짓을 하면 축생이 되고, 인간다운 행을 하면 인간이 된다는 것입니다. 얼마나 합리적이고 과학적인 말인가요? 그래서 여러분의 본래 마음자리, 본래 공한 자리로 리셋시키는 것입니다.

우리의 본 마음자리는 어떻게 말로 표현하기가 어렵습니다. 그러나 굳이 말로 표현하자면 '크고 밝고 둥근 자리'입니다.

리셋은 원래 잣나무 숲에서 일곱 단계로 옮겨 다니면서 하는데, 지금은 그 자리에서 해 보겠습니다.

웰컴 투 마하반야바라밀!

마하는 '크다'는 뜻입니다. 반야는 '지혜'를 뜻하는데, 지혜는 밝습니다. 그래서 반야는 밝음을 의미합니다. 바라밀은 '저 언덕으로 건너가다' 또는 '완전함'을 뜻합니다. 즉 마하반야바라밀은 큰 지혜로써 저 언덕으로 건너가다란 뜻입니다. 이것을 의역하면 크고 밝고 완전하다는 의미입니다.

이제 본래자리로 리셋시키는 연습을 해 볼까요?

"마하반야바라밀이 나요, 내가 마하반야바라밀이다."

이것이 바로 본래자리로 리셋시키는 워밍업 warming-up입니다. 몸이 좀 풀리셨나요?

두 번째 단계, 당신은 본래 크고 밝고 완전합니다.

마하반야바라밀을 염하고 듣기입니다.

수계식 할 때처럼 장궤합장을 하고 제가 마하반야바라밀을 두 번 염하면 여러분이 듣고 있다가 두 번 염하고, 주거니 받거니 하는 것입니다. 그렇게 5분 동안 연습을 해 보겠습니다. 다른 사람과도 마찬가지로 마하반야바라밀을 두 번씩 주거니 받거니 하면서 연습을 해 보시기 바랍니다. 자기가 염하는 것도 중요하지만 다른 사람이 염하는 것을 잘 듣는 것도 중요합니다. 들음으로써 생취가 됩니다. 그러니 듣는 연습도 해야 합니다.

마하반야바라밀 마하반야바라밀 (스님 염)
마하반야바라밀 마하반야바라밀 (대중 염)

이제 가부좌를 틀고 편안히 앉으세요. 허리는 반듯하게 세우고 다른 데는 다 힘을 뺍니다. 눈은 아래로 살포시 내려 뜨거나 살며시 감아도 좋습니다. 지금 마하반야바라밀을 염한 것을 소리 내지 말고 마음속으로 합니다. 자신이 두 번 염하고 다른 사람이 염했던 소리를 그대로 듣습니다. 그래서 소리만 내지 않을 뿐이지 방금 전에 연습한 것과 똑같이 마하반야바라밀을 마음속으로 5분간 반복하여 염하고 듣습니다.

마하반야바라밀 마하반야바라밀 (마음으로 염)
마하반야바라밀 마하반야바라밀 (마음으로 들음)

집에서 벽을 보고 장궤합장하고서 마하반야바라밀을 10분 정도 염하다가 익숙해지면, 그다음 편안히 앉아서 마음속으로 합니다. 30분이든 한 시간이든 속으로 염해서 집중하는 버릇을 길러 두면 좋습니다. 이것은 성품자리에 초점을 맞추는 연습을 하는 것입니다.

세 번째 단계, 당신이 주인공입니다.

"당신이 주인공입니다." 하니까 매사에 주인공 노릇을 하려고 하는 분들이 간혹 있습니다. 그래서는 안 됩니다. 내 인생에서는 내가 주인공이고, 남의 인생에서는 내가 빛나는 조연이 되어 줘야 합니다. 그냥 조연이 아니라 빛나는 조연입니다. 남의 인생까지 내가 주인공 노릇을 하려다 보면 거기서부터 불화가 싹트기 시작합니다.

얼마 전에 라디오에서 어떤 분이 상담을 해 왔습니다. 우리나라는 특히 자기가 못다 한 공부나 한을 자식을 통해서 풀려고 하는 사람이 많습니다. "나는 공부를 못해서 이렇게 됐으니까, 너는 공부를 열심히 해서 나 대신 원을 이루어 다오." 이렇게 자식을 통해 자신의 한풀이를 하려고 하는데, 그래서는 절대 안 됩니다. 내 인생은 내 인생이고, 자식의 인생은 자식의 인생입니다.

그런데 자식의 인생에서도 내가 주인공 노릇을 하려고 합니다. 왜 자식의 인생을 부모가 재단하려고 합니까? 자식은 자식대로 스트레스 받고 힘들어집니다. 그러다 보면 서로 관계도 악화되고 인생이 꼬이기 시작합니다. 사실 부모 자식 간에 대신해 줄 수 있는 것이 별로 없습니다.

악한 짓만 아니면 옆에서 지켜보고 도와줄 생각을 해야 합니다. 자식이 자기 의지에 의해서 잘하는 쪽으로 사는데 그것을 막아서는 안 됩니다.

여러분이 기도해 보면 분명히 알 수 있습니다. 부처님도 절대 여러분 인생을 이래라 저래라 하지 않습니다. 저도 기도해서 가피를 많이 얻었지만, 저에게 오른쪽으로 가라, 왼쪽으로 가라, 하지 않습니다. 언제나 오른쪽으로 가면 이렇게 될 것이고, 왼쪽으로 가면 저렇게 될 것이다, 하고 말씀해 주십니다. 그럼 그 선택은 제가 합니다. 이렇게 부처님도 우리 인생을 재단하려고 하지 않습니다. 절대 강요하지 않습니다. 왜냐하면 내 인생의 선택권은 나에게 있기 때문입니다.

달라이라마 존자가 티베트에서 인도로 망명할 때의 이야기입니다.

티베트에 중국 공산당이 쳐들어와서 위험한 상황이었습니다. 가만히 있으면 죽게 생겼지요. 달라이라마 존자가 망명을 가려고 생각하니 티베트 국민들이 마음에 걸렸습니다. 국민들을 놔두고 떠날 수가 없었던 것입니다.

"내가 여기서 죽을지라도 우리 민족과 함께해야 해."

"아니, 일단 인도로 망명을 가서 훗날을 기약해야 되지 않을까?"

달라이라마 존자는 판단이 서지 않았습니다.

둘 다 장단점이 있습니다. 자칫하면 국민들에게 욕먹을 수 있습니다. 실상은 그게 아니더라도 달라이라마가 자기 목숨만 부지하려고 떠났구나, 하고 오해받을 수 있습니다. 그렇다고 거기서 개죽음을 당하자니 그것도 너무 허망한 노릇입니다. 그래도 살아 있어야 사람들을 지도하고 훗날을 기약할 수 있을 테니까요. 정말 판단하기 힘든 일입니다.

이럴 때 신탁을 받습니다. 신에게 의탁한다는 뜻입니다. 자신은 판단이 서지 않으니 신에게 판단을 해 달라고 하는 것입니다. 옛날 그리스에서는 신탁이 아주 유명했습니다. 전쟁을 치르거나 중대한 일을 결정할 때 신탁을 했습니다. 신전에서 신에게 기도하는 것이지요.

마찬가지로 티베트에서도 신탁을 하는데, 그 신탁을 받는 절을 네충사원이라고 합니다. 신탁을 해주는 신의 이름이 네충신이고, 그 신탁을 받아 주는 스님이 네충스님입니다. 그 네충스님이 우리 행불선원에 오셔서 삼존불 복장식을 해준 적도 있습니다.

티베트에서 가장 위대한 신이 네충신입니다. 우리나라에 단군신앙이 있듯이 티베트에서는 네충신을 모시고 있습니다. 네충신의 신탁을 받기 위해서 기도를 하면 네충신이 들어옵니다. 신이 들어오면 사람이 완전히 바뀌어서 표정도 바뀌고, 목소리도 바뀌고, 행동거지도 바뀝니다. 무당에게 동자신이 들어오면 동자 목소리를 내듯이 그것과 같습니다. 신이 들리면 신의 특징이 드러납니다.

마침내 네충신이 들어와서 신탁을 내렸습니다.

"가면 서구에 불교가 빛을 발하리라."

망명을 가면 서양에 불교가 빛을 발할 것이라고 간단히 말했습니다.

부처님도 절대 가라, 가지 마라 하지 않습니다. 저급 차원의 신이나 바쳐라, 마라 합니다. 고급 차원의 신은 해라, 마라 하지 않고 나에게 선택권을 줍니다. 내가 주인공이니까요.

또 내가 선택을 해야 나중에 후회하지 않습니다. 잘되든 못 되든 내가 선택한 거니까 감수할 수 있습니다. 그런데 남이 선택해 주면 원망이 따릅니다. "아이고, 나는 저리 가고 싶었는데, 이리 가는 것이 좋다고 해서 왔는데…", 아니 잘돼도 "저쪽으로 갔으면 더 잘될 수 있었을 텐데…" 하고 남을 탓합니다. 그래서 남의 인생을 재단해 주려고 하면 안 됩니다. 부처님도, 신도, 부모도 마찬가지입니다. 다만 조언은 해줄 수 있습니다. "가면 서구에 불교가 빛을 발하리라." 이것이 조언입니다.

달라이라마 존자는 그 신탁을 듣고 인도의 다람살라로 망명을 떠났습니다. 그 결과 서구에 불교가 퍼지게 되었습니다.

지금 서구 유럽이나 미국의 엘리트들 가운데는 불교 공부를 하는 사람이 많습니다. 지성인들의 생각이 불교적 사고방식에 많이 접근해 있고, 특히 불교 명상에 관심이 많습니다. 실제로 미국 최고 그룹의 CEO들이 불교 명상을 하고 있습니다.

애플의 전 CEO, 스티브 잡스도 불자였습니다. 스티브 잡스가 어렸을 때는 교회를 다녔습니다. 교회에서 "모든 것은 하나님의 뜻이다."라는 목사님의 설교를 들으며 자랐습니다.

어느 날 스티브 잡스가 잡지를 보았는데, 아프리카 아이들이 굶어서 삐쩍 말라 죽어 가고 있는 모습의 사진이 여러 장 실려 있었습니다. 스티브 잡스는 교회에 가서 목사님에게 그 사진을 보여 주고 질문했습니다.

"여기 수없이 많은 애들이 굶어 죽어 가고 있는데, 이것도 하나님의 뜻인가요?"

목사님은 지금까지 만날 하나님의 뜻이라 했으니 부정할 수가 없었습니다.

"거기에도 하나님의 깊은 뜻이 있단다."

"이런 하나님이라면 난 믿지 않겠어요."

하고 스티브 잡스는 그다음부터 교회에 나가지 않았다고 합니다.

스티브 잡스는 청년기에 정신적으로 방황하다가 샌프란시스코에서 선원에 다니게 되었습니다. 여기서 선禪을 알게 된 것입니다.

"선善도 생각하지 말고, 악惡도 생각하지 마라. 그럴 때 그대의 본래면목이 무엇이냐. 당신이 주인공이다." 이것이 선사상입니다.

그때 스티브 잡스가 출가를 결심하고 말했습니다.

"내가 이 길을 가겠습니다."

그러나 지도하는 선사가 출가를 말렸습니다.

"당신은 이 길을 가는 것보다 선사상에 입각해서 사회생활을 하는 것이 더 좋을 듯싶습니다."

출가해서 살기에는 스티브 잡스의 머리가 너무 좋았거든요. '내가 왜 이 짓을 하고 있는 거야.' 하고 계산하기 시작하면 답이 나오지 않습니다. 그래서 지도 선사가 스티브 잡스 같은 사람은 출가해도 얼마 있지 못할 것 같으니까 사회생활을 하면서 구현하라고 말한 것입니다.

그 뒤 스티브 잡스가 세운 회사가 애플사입니다. 세계 최고의 기업이 되었지요. 세계 젊은이들이 가장 취업하고 싶어 하는 회사가 애플사입니다. 스티브 잡스야말로 자기 인생의 주인공으로 살다 간 사람입니다.

네 번째 단계는 심기일전입니다.

심기일전心機一轉, 마음을 한 바퀴 돌린다, 돌이킨다는 의미입니다. 내 인생의 주인공, 남의 인생에 빛나는 조연으로 심기일전해야 합니다. 여태까지 내 인생의 조연, 남의 인생에 주인공 노릇을 했다면, 그것을 한번 돌이킨다는 의미입니다.

잣나무 숲에서 이렇게 해 보세요.

> 심기일전
> 행복 충만
> 나는 내가 창조합니다.
> 지금 이 모습도 나의 작품일 뿐.

어떤 상황에서든 자기가 그 상황을 일전시켜야 합니다. 남이 내 마음을 돌이켜 주기를 기다리는 것은 엑스트라입니다. '좋다. 어디 한번 해보자.' 이렇게 내가 내 마음의 기틀을 한 바퀴 돌릴 때 행복이 충만해집니다.

이 세상은 한바탕 연극입니다. 실체가 없으니까요. 이 세상에 태어났다는 것은 연극 무대에 올라와 있다는 것입니다. 지금 각각의 배역을 맡고 있습니다. 나는 지금 스님의 배역으로 왔고, 여러분은 집안의 배역, 가정에서의 배역, 사회에서의 배역을 맡아 무대에 올라와 있습니다. 그러니 각자 맡은 배역에 충실해야 합니다. 하지만 열심히 해 봤는데 아닌 것 같다 하면 감독에게 바꿔 달라고 할 수 있습니다.

그런데 맡은 배역도 제대로 하지 않고 만날 미적미적 거리다가 감독에게 바꿔 달라고 하면 뭐라고 하겠어요? "지금 맡은 배역도 하지 못하면서 왜 인생을 바꿔 달래. 맡은 것이나 한번 잘해 봐." 심기일전하라는 소리입니다. 내 마음의 기틀을 한 바퀴 확 돌려서 나는 내가 창조합니다. 지금 내가 맡은 배역이 과거에 내가 원했던 배역입니다. 일단 자기 배역에 충실해야 합니다.

다섯 번째 단계, 밝게 웃는 연습을 합니다.

삶은 환타지다.
행복도 내 작품이다.
웃자! 웃을 일이 생긴다.

우하하하하! 산에 가서 웃는 연습을 해 보세요. 웃고 나면 저절로 심기일전이 됩니다. 한바탕 웃음소리에 다 녹아 버립니다. 어차피 빈손으로 왔다가 빈손으로 가는 세상, 웃으면서 살다 가는 겁니다. 인상 쓰고 불평불만하고 근심 걱정해 봐야 나만 손해입니다. 그래 봐야 다 부질없는 짓입니다. 밝게 웃으며 살고, 갈 때가 되면 가는 것입니다.

여섯 번째 단계, 모든 고통이 사라지는 진언입니다.

> 가떼 가떼 빠라가떼 빠라상가떼 보디 스와하
> 가자 가자 건너가자. 완전하게 건너가자. 깨달음을 성취하자.

반야심경의 맨 마지막 주문입니다. 최고의 주문입니다. 고통의 이 언덕에서 열반의 저 언덕으로 건너가자는 것입니다. 완전하게 건너가자는 것은 미련 없이 완전 연소하는 것입니다.
깨달음은 깨어 있음으로부터 시작됩니다. 바로 지금 여기에서 몸과 마음을 관찰하는 것이 깨어 있는 것입니다.

일곱 번째 단계, 행불 하세요!

> 바로 지금 여기에서 몸과 마음을 관찰하고
> 아는 만큼 전하고 가진 만큼 베풀자.

이것이 행복한 불교의 테마입니다. "행불 하세요." 하고 인사할 때 말하는 행불의 구체적인 덕목입니다.
'바로 지금 여기에서 몸을 관찰하고, 마음을 관찰하고, 관찰자를 관찰한다.' 이것이 개인의 첫 번째 덕목으로, 바로 깨어 있음입니다. 깨어 있다 보면 사람이 여유가 생깁니다. 여유가 생기면 아는 만큼 전하고 가진 만큼 베풀게 됩니다. 또한 전할수록 알게 되고 베풀수록 갖게 됩니다. 이것이 대승불교입니다.

짧은 두 줄이지만 여기에 개인으로서 해야 할 최고의 덕목과, 내가 이 사회를 살아가면서 더불어 해야 할 최고의 덕목이 아주 쉽고 간단하게 다 들어 있습니다. 이 두 가지가 인생을 가치 있게 사는 비결입니다. 이 두 가지를 얼마나 실천하느냐에 따라서 세상을 가치 있게 사느냐, 부질없이 사느냐가 결정됩니다. 둘 다 잘하면 더 좋고, 둘 다 안 되면 하나라도 해야 합니다. '관찰과 보시' 이것이야말로 내가 이 세상에 태어나 할 수 있는 최상의 덕목입니다.

바로 지금 여기에서 이 몸을 관찰하고 마음을 관찰합니다. 여기서 관찰할 때, 'OO(법명)이라는 육근의 무더기가 성질이 났구나. 탐욕심이 일어나는구나. 억울해하는구나…' 이런 식으로 닉네임을 붙여서 관찰하면 훨씬 더 효과적입니다.

이렇게 관찰을 하다 보면 거리가 생깁니다. 이제 'OO(법명)이라는 육근의 무더기가 억울해하는구나.' 그러면 이 육근의 무더기가 억울해하고 있고, 나는 그 순간에 이 육근의 부더기가 억울해하는 것을 관찰하는 것입니다. 그렇게 떨어지는 것, 그것이 바로 건너가는 것입니다.

"가자 가자 건너가자. 완전하게 건너가자." 처음부터 완전하게 건너가지는 못합니다. 그러나 완전하게 건너갈 때까지 계속 연습해야 합니다.

평상시에 연습을 잘해 놓으면 나중에 정말 탐·진·치 삼독을 관찰하게 되고, 노老·병病·사死를 관찰하게 됩니다. '내가 늙는 게 아니라, ○○(법명)이라는 육근의 무더기가 늙어 가고 있구나.' 이렇게 관찰하는 것이 늙음에서 초월하는 것입니다. 또 병들고 몸이 아프면, '내가 아픈 것이 아니라, ○○(법명)이라는 육근의 무더기가 아프구나.' 이렇게 관찰합니다. 그렇게 해서 잘되면 죽을 때, '내가 죽는 것이 아니라, ○○(법명)이라는 육근의 무더기가 죽어 가고 있구나. 죽었구나. 화장하고 있구나. 매장하고 있구나.' 이런 식으로 죽음에서 해탈하는 것입니다. 이것이 해탈법입니다.

해탈이란 속박을 풀어서 속박에서 벗어났다는 것입니다. 해탈하는 방법은 간단합니다. 관찰입니다. 내가 성품의 입장에 서서 몸과 마음을 관찰합니다. 나중에 그 성품도 관찰합니다. 그게 바로 관찰자를 관찰하는 것입니다.

그래서 부처님께서 "사념처가 정법이다."라고 말씀하셨습니다. 사념처 신수심법을 통해서 우리가 해탈하기 때문입니다. 그것이 깨달음을 성취해 가는 비결입니다.

그다음에, 아는 만큼 전하고 가진 만큼 베풀자고 했습니다. '내가 완전히 부자가 되고 나서 베풀어야지.' 하는 것이나, '내가 완전히 불교를 통달하고 나서 전해야지.' 하는 것이나 똑같습니다. 저도 아직 다 통달하지 못했는데, 여러분은 언제 통달하겠어요?

내가 불교를 완전히 통달한 다음에 전한다는 생각은 버려야 합니다. 내가 정법을 보고 환희심을 느끼는 만큼 전해 주면 됩니다. 자기 몫만큼 하고 자기 몫을 초과하는 부분은, "월호 스님 책 보세요." 아니면, "같이 가서 들어봐요." 이러면 됩니다. 저도 제 몫까지는 제가 하고, 제가 모르는 부분은 모른다고 전문가한테 가서 물어보라고 합니다. 저도 법에 관한 것은 변호사에게 물어보고, 세금에 관한 것은 세무사에게 물어보고, 몸이 아프면 의사에게 물어봅니다. 모든 것을 알아서 하는 시대는 지났습니다. 자기가 아는 만큼 전하고 또 가진 만큼 베푸는 것이 행불입니다.

9장

나는 무한한
가능성을 갖고 있다,
스스로를 비교하자

불성은 공성空性이요, 공성은 자성自性이다.
부처도 될 수 있는데, 무언들 될 수 없으랴?
텅 비었기 때문에 무엇으로든 채울 수 있다.
내가 선택한다. 내 작품이다.

행불의 노래입니다. 부처님께서 "일체중생 실유불성一切衆生 悉有佛性, 모든 중생이 다 불성을 지니고 있다."라고 말씀하셨습니다. 여기서 불성이란 한마디로 부처가 될 가능성입니다. 이처럼 불교는 인간에 대해서 무한한 가능성을 부여하고 있습니다. 부처도 될 수 있는데, 무언들 될 수 없겠습니까?

부처란 무엇일까요? 부처님의 열 가지 이름, 여래 십호 가운데 천인사天人師라는 게 있습니다. 천인사는 천신과 인간의 스승이란 말입니다. 다시 말해서 부처님은 인간의 스승일 뿐 아니라 신들의 스승입니다.

부처님과 신의 관계는 스승과 제자의 관계이고, 부처님과 우리의 관계도 스승과 제자의 관계입니다. 그러니까 신과 우리의 관계는 도반 관계가 됩니다.

이것이 불교와 다른 종교의 결정적인 차이점입니다. 다른 종교에서는 신과 인간의 관계는 '주인과 종', 즉 주종 관계입니다. 그러나 불교에서는 신과 인간의 관계는 한 스승을 모신 도반입니다.

부처님께서 한때 어머니를 제도하기 위해서 도솔천에 올라가신 적이 있습니다. 그때 목련존자에게 보름달이 뜨는 날 밤에 천상으로부터 인간계에 내려오겠다고 말씀하셨습니다. 그래서 안거가 보통 보름날 시작해서 보름날 끝납니다.

부처님의 어머니인 마야 부인은 부처님을 낳고 일주일 만에 돌아가셨습니다. 돌아가신 후 바로 천상 세계 도리천으로 가셨습니다. 그래서 부처님은 어머니를 교화하기 위해서 일부러 천상 세계에 올라가 어머니에게 법을 설하여 해탈의 기쁨을 안겨 주고 내려오셨습니다.

마침 그날이 대보름이어서 보름달이 크게 뜬 날이었는데, 부처님께서 천상으로부터 내려올 때 몸에서 뿜어져 나오는 광명 때문에 그날의 달빛이 완전히 무색해졌다고 합니다.

그것을 보고 사리뿟뜨라가 말했습니다.

"부처님께서는 실로 천상과 인간계에 한 분뿐인 스승이십니다. 부처님이시여, 지금 인간과 천상의 천신들이 모두 모여 함께 부처님을 흠모하고 존경하면서 그 가르침에 의지하여 나아갈 것을 다지고 있습니다."

이렇게 찬탄을 표하자, 부처님께서 다음 게송을 읊으셨습니다.

지혜로운 자는 꾸준히 정진해서

일념성취를 기뻐하고 세상의 번뇌를 초월한다.

그들은 청정하고 진리를 깨달은 성자가 되며,

인간은 물론이고 천신들까지도 존경해 마지않는다.

천신들이 부처님을 존경하는 것이야 당연한 일이지만, 사실 천신들이 부처님의 십대 제자들도 공경한 예가 수두룩합니다. '마하카차야나(가전연) 존자'는 부처님의 십대 제자 중에 논의제일입니다. 마하카차야나 존자가 한때 부처님을 시봉하고 있을 때, 천신들이 공양을 올리기 위해서 왔습니다. 천신들의 왕인 제석천왕은 마하카차야나 존자가 오기를 기다렸습니다. 마하카차야나 존자가 자신들의 공양을 받아주기를 기다린 것입니다.

마하까사빠(가섭) 존자에 대한 일화도 있습니다.

마하까사빠 존자는 주로 가난한 집만 탁발을 했습니다. 그런데 수부띠(수보리) 존자는 부유한 집만 탁발을 했습니다. 그래서 부처님이 물어보았습니다.

"까사빠는 왜 가난한 집만 다니느냐?"

"얼마나 복덕을 짓지 않았으면 그토록 어렵게 살까 해서, 제가 그 사람들에게 복을 짓게 해주려고 못 사는 집만 다닙니다."

그다음에 부처님께서 부유한 집만 다니는 수부띠 존자에게 물었습니다.

"너는 왜 부유한 집만 골라서 다니느냐?"

"가난한 집은 자기네도 먹을 것이 없는데 민폐를 끼쳐서야 되겠습니까? 그래서 잘사는 집만 다닙니다."

그러자 부처님께서 말씀하셨습니다.

"앞으로는 그렇게 가난한 집, 부유한 집을 가려서 다니지 말고, 무조건 여기서부터 시작해서 일곱 집만 다녀라."

그것을 '차제걸이次第乞已'라고 합니다. 차례대로 걸식해 마친다는 소리입니다.

한번은 마하까사빠 존자가 일주일 동안 '멸진정滅盡定'에 들었다가 나온 적이 있습니다. 멸진정을 '니로다사마빠티'라고 하는데, 몸과 마음이 완전히 정지되어서 생각과 호흡이 쉬게 되는 최상의 선정 삼매禪定三昧입니다.

평상시 올리는 공양도 공덕이 있지만, 특히 일주일 동안 멸진정에 있다가 나온 성인에게 처음으로 공양을 올리면 최고의 공덕이 있다고 합니다.

마하까사빠 존자는 기왕이면 가난한 사람한테 공양 공덕을 짓게 해줘야겠다는 마음으로 가난한 사람들이 사는 거리로 나갔습니다. 그래서 일부러 가장 가난해 보이는 집을 찾아서 공양을 청했습니다.

그런데 천상의 삭까 천왕(제석천왕)이 그 사실을 알았습니다.

'이 기회에 내가 공덕을 지어야겠다.'

하고는 가장 가난한 집의 노파로 변신하여 마하까사빠 존자에게 공양을 올렸습니다.

마하까사빠 존자는 일부러 가난한 집을 택해서 발우에 공양을 받았는데 쌀밥하고 카레에서 향기로운 냄새가 났습니다. 그래서 자세히 보니 아주 좋은 쌀과 고급스러운 카레였습니다.

'이상하다. 가난한 집에서 이렇게 향기로운 음식을 만들 수 없을 텐데….'

마하까사빠 존자가 노파에게 추궁했습니다.

"당신 도대체 누구요? 신분을 밝히시오."

"저는 천신들의 왕입니다. 멸진정에서 나온 성자에게 공양을 올릴 기회가 없었기 때문에 이번에 공덕을 짓기 위해서 일부러 변신하여 이렇게 왔습니다."

삭까 천왕은 사실대로 고백하고 나서 자신의 아내와 함께 천상으로 돌아갔습니다.

그 모습을 보고 계셨던 부처님께서 비구들에게 그 이야기를 해주었습니다. 도대체 어떻게 삭까 천왕이 마하까사빠 존자가 멸진정에서 나온 것을 알게 되었는지 비구들은 궁금해하면서, 마하까사빠 존자에게 공양을 올린 것은 운이 좋은 일이었다고 의견의 일치를 보았습니다.

그러자 부처님께서 다음과 같이 말씀하셨습니다.

비구들이여,
수행이 높아서 여래의 제자 마하까사빠 같은 경지에 이르면

그 명성이 널리 퍼져 마침내 천상에까지 이르나니,
그리하여 삭까 천왕이 직접 내려와 공양을 올리기도 하느니라.

수행이 높아지면 사람들에게서 공경을 받을 뿐만 아니라 심지어 천신들의 왕에게서도 공양을 받는 사례가 경전에 여러 번 나옵니다.
여기에 바로 불교와 다른 종교의 결정적인 차이가 있습니다. 다른 종교는 신을 섬기는 종교입니다. 그러나 불교에서는 부처님은 물론이고 '마하까사빠 존자' 같은 경지에 이르기만 해도 신이 섬기지 않습니까? 신들의 왕이 직접 내려와서 공양을 올리는 그런 경지까지 갈 수 있는 것이 불교입니다. 바로 우리가 무한한 가능성을 갖고 있다는 것을 뜻합니다.

들국화는 장미꽃을 부러워하지 않는다.

이것이 '화엄 사상'입니다. 들국화는 들국화 나름의 멋과 향을 가지고 있고, 장미꽃은 장미꽃 나름의 멋과 향을 가지고 있습니다.
그런데 어느 날 들국화가 어떤 사람이 장미꽃을 사 가지고 가는 것을 보았습니다.
"아! 꽃이 저렇게 크고 화려하고, 향기가 좋구나! 왜 나는 장미보다 작고 화려하지도 못하고 향기도 없을까?"
들국화가 이런 마음을 가지고 있으면 자기 꽃을 피워 보지도 못하고 시들어 죽어 버립니다. 장미는 장미 나름의 향과 멋이 있고, 들국화는 들국화 나름의 멋과 향이 있습니다.

오히려 들국화를 더 좋아하는 사람들도 있습니다. 작지만 소박해서 정이 가고, 또 짙지 않은 향기를 더 좋아할 수 있습니다. 장미는 비록 크고 화려하고 진하지만 금방 싫증이 납니다.

『금강경오가해』에 보면 이런 말이 있습니다. "춘난추국 각자형향春蘭秋菊 各自馨香이라." 봄의 난초와 가을의 국화가 각각 스스로 향기를 뿜어낸다는 뜻입니다. 난에는 난의 향기가 있고, 국화에는 국화의 향기가 있는 것이지, 다른 꽃과 비교해서 자신은 왜 이럴까? 이러다 보면 자기가 가지고 있는 고유의 향기와 고유의 멋조차 발현할 수 없습니다.

여러분도 키가 크든 작든, 얼굴이 좀 못생겼든 예쁘든 간에 여러분 나름대로 멋과 향이 있습니다. 사람도 다 자기 냄새가 있습니다.

경전에 보면 이런 말이 나옵니다.

"향 싼 종이에 향기가 나고, 생선 쌌던 종이에 비린내가 난다."

여러분이 살아오면서 어떤 마음, 어떤 행위를 많이 연습했느냐에 따라서 향기로운 냄새가 나는 사람도 있고, 탁한 냄새가 나는 사람도 있습니다. 그래서 저 사람이 어떻게 살아왔는지 냄새만 맡아 봐도 알 수 있습니다.

어제의 나와 오늘의 나는 어떻게 다른가?
오늘의 나와 내일의 나는 어떻게 달라질 것인가?

이 말은 남과 비교하지 말고 스스로를 비교하라는 소리입니다. 남하고 비교해 봐야 나보다 잘난 사람이면 괜히 열등감만 생기고, 나보다 못난 사람이면 자꾸 자만심이 생깁니다. 그러니까 남들과 비교하려고 하지 말고 스스로를 비교해야 합니다.

'십 년 전의 나와 오늘의 나는 어떻게 달라졌을까? 또 오늘의 나와 십 년 후의 나는 어떻게 달라질 것인가?' 이렇게 비교하면 얼마나 좋습니까?

스스로 비교해서 변화가 없는 것은 부끄러운 일입니다. 절에 다닌 지 십 년, 이십 년, 삼십 년이 되도록 여전히 과거와 크게 변한 게 없다면 헛되이 다닌 겁니다. 요샛말로 무늬만 불자입니다.

참다운 불자, 부처님의 제자가 된다는 것은 인생의 창조자가 되는 것입니다. 신을 섬기는 데서 한걸음 더 진화해서 신이 섬기는 단계까지 갈 수 있는 것이 불교입니다. 그런 무한한 가능성을 사장시키지 말고 우리가 잘 살려 나가야 합니다.

그러기 위해서 남들과 자꾸 비교하지 말고 스스로를 비교해야 합니다. '그래도 십 년 전에 비해서 내 욕심이 좀 쉬었다. 그다음에 자비심이 좀 늘어났다. 또 남들한테 좀 베풀고자 하는 마음이 늘어났다.' 그러면 그 방향으로 그대로 쭉 가면 됩니다.

그런데 십 년 전이나 지금이나 욕심도 똑같고 베푸는 것도 똑같고 자비심도 똑같다면 이것은 정체되어 있는 것입니다. 정체는 퇴보입니다. 왜냐하면 세상은 지금 앞으로 나아가고 있는데 자기는 그 자리에 있으니까 퇴보한 것입니다.

긍정적인 변화를 해야 합니다. 더욱 자비스러워지고 구걸을 덜 하는 것이 바로 변화하는 것입니다. 우리가 변화를 사랑하고 또 변화를 넘어선 진화에까지 가는 것, 그것이야말로 우리 불자들이 진실로 이루어야 할 목표입니다.

부처님 당시에 '루빠난다'라는 여인이 있었습니다. 이 루빠난다는 그 나라에서 최고의 미인이었으며, 부처님의 사촌동생이자 왕자인 '난타'와 결혼하기로 되어 있었습니다. 그런데 갑자기 난타가 부처님을 만나 출가해 버리는 바람에 혼자 남게 되었습니다.

한편 난타는 출가를 하긴 했지만 너무나 아름다운 여인을 남겨 놓고 와서 공부가 되지 않았습니다. 부처님을 봐도 눈앞에 '루빠난다'가 아른거리고 겹쳐 보였습니다.

부처님은 난타가 루빠난다를 그리워한 나머지 마음이 싱숭생숭하고 오락가락한다는 것을 알았습니다. 그래서 어느 날 부처님이 난타를 데리고 정원으로 갔습니다. 정원에는 원숭이들이 많았습니다. 부처님께서 그중에서도 늙고 병들어 눈에서 고름이 질질 나오는 추한 원숭이 앞에서 말씀하셨습니다.

"난타야, 저 늙고 추한 원숭이와 네가 출가하기 전에 알았던 아가씨와 비교하면 누가 더 예쁘냐?"

"부처님, 제가 출가하기 전에 알았던 루빠난다는 이 나라에서도 최고의 미녀였습니다. 어떻게 저렇게 늙고 추한 원숭이와 비교할 수 있겠습니까?"

"그렇지."

그로부터 며칠이 지난 뒤, 부처님께서 다시 난타를 데리고 천상 세계로 올라갔습니다. 천상 세계를 구경하고 다니다가 어느 아름다운 궁전에 가 보니 아주 아리따운 미녀 오백 명이 누군가를 맞이하기 위한 준비를 하고 있었습니다.

난타가 궁금해서 미녀들에게 물어보았습니다.

"지금 누구를 맞이할 준비를 하고 있습니까?"

"지금 저 밑에서 난타 왕자님이 출가하여 공부하고 있습니다. 공부를 잘하면 여기로 오실 예정입니다. 우리는 지금 난타 비구를 기다리고 있습니다."

이렇게 미녀들이 대답했습니다.

그러자 부처님이 또 난타에게 물어보았습니다.

"저 오백 명의 천녀들과 네가 출가하기 전 여인과 비교하면 누가 더 예쁘냐?"

"저 천녀들에 비교하니까 출가하기 전 여인은 그 늙고 추한 원숭이와 다름이 없습니다."

그렇게 아름다운 여인도 천상의 천녀들과 비교하니까 미인이 아니었습니다. 그런데 지금 한 명도 아니고 오백 명이나 난타를 기다리고 있다고 부처님께서 말씀하셨습니다.

"그럼 제가 열심히 공부하면 진짜 거기 가는 겁니까?"

하고 난타가 물었습니다.

"네가 공부를 잘하면 반드시 오백 명의 천녀가 있는 천상으로 보내 주리라."

도장 꽝! 부처님께서 약속해 주셨습니다. 실제로 경전에도 부처님이 보증을 서 주었다고 나옵니다.

기분이 좋아진 난타는 공부를 열심히 했습니다. 부처님이 최고의 스승입니다. 학습동기를 유발시켜 준 겁니다. 난타는 열심히 공부해서 21일 만에 아라한이 되었습니다.

아라한의 경지는 '무아법'을 통달한 '불생'의 경지입니다. 천상에 태어나는 경지는 웰 다잉Well-Dying 중에 초급 웰 다잉입니다. 그런데 난타는 이미 중급반에 들어갔기 때문에 아리따운 여인 오백 명이 모두 우습게 보였습니다. 그만큼 경지가 올라갔으니까요. 사람들은 다 자기 차원에서 사는데, 난타는 아라한이 되어서 마침내 그 차원을 초월했습니다.

한편, 난타와 결혼하기로 했던 루빠난다는 부처님께서 미인을 우습게 여긴다는 말을 듣고 이렇게 생각했습니다.

'나 같은 미인을 아직 못 보셨구먼. 아마 나를 보면 생각이 달라질걸.'

그만큼 자기 미모에 자신이 있었습니다. 지금까지 루빠난다를 보고 넘어가지 않은 남자가 없었으니까요. 어떤 남자든 한 번 보면 그냥 바로 반해 버렸습니다.

루빠난다는 부처님의 법문이 있는 날 부처님을 찾아갔습니다.

그런데 부처님은 루빠난다가 오는 걸 미리 알고는 신통력으로 열여섯 살쯤 되는 환상적인 미인들이 부처님 옆에서 부채질을 하는 영상을 만들어서 부처님과 루빠난다만 볼 수 있게 했습니다.

루빠난다는 부처님 양쪽에서 환상적인 미인들이 부채질을 하고 있는 모습을 보고 생각했습니다.

'아! 저 여자가 호숫가에 노니는 백조라면 나는 보기 흉한 늙은 까마귀구나. 지금까지 내가 미인이라고 생각했던 것은 저 여인을 못 봐서 그랬구나!'

하고 반성하면서 부처님 옆에 있는 여인들을 보고 있는데, 처음에는 열여섯 살이었던 여인들이 조금 있다 스무 살이 되고, 서른 살이 되고, 마흔 살이 되고, 예순 살이 되고, 일흔 살이 되어 늙다가 스르륵 죽어 버리는 것입니다.

이 현상을 끝까지 지켜본 루빠난다는 존재의 무상함을 뼈저리게 느꼈습니다.

'아! 내가 지금은 이렇게 아름답고 탱탱해서 미모에 자신이 있지만 이것도 한때구나! 모든 것은 한때인 거야.'

그때 부처님께서 그 상황에 맞게 제행무상諸行無常, 제법무아諸法無我, 열반적정涅槃寂靜 삼법인을 설해 주셨습니다. 바로 그 자리에서 루빠난다는 수다원과를 성취하였습니다. 수다원과만 성취해도 더 이상 삼악도에 떨어지지 않습니다.

그 후 루빠난다는 정진을 거듭해서 나중에 아라한과를 성취하였다고 합니다.

어제의 나와 오늘의 나는 같은 나가 아닙니다. 오늘의 나와 내일의 나도 같은 나가 아닙니다. 왜냐하면 모든 것은 변화하기 때문입니다.

의학계에서 우리 몸뚱이 세포와 뼈세포를 관찰했습니다. 그랬더니 몸뚱이의 세포가 하루에도 수십 개씩 수만 개씩 바뀐다고 합니다. 살은 물론이고 뼈세포도 계속 치환이 되어 나중에는 한 90% 이상이 확 바뀐다고 합니다. 살부터 바뀌기 시작해서 뼈까지 바뀌는 데 걸리는 시간이 백일입니다. 백일기도만 잘해도 환골탈태가 되는 것입니다. 그래서 옛날부터 백일기도를 했나 봅니다.

그러니 몸뚱이가 똑같은 게 아닙니다. 이번 주의 월호와 다음 주의 월호는 다른 월호입니다. 이름이 똑같은 월호일 뿐이지, 다음 주에 여러분과 만날 때 그 모습은 오늘 저의 모습과 다른 사람입니다. 세포가 달라져도 달라졌고, 컨디션이 달라져도 달라졌고, 목소리도 무언가 달라졌고, 뭐가 달라도 달라졌을 것입니다.

여러분도 마찬가지입니다. 모든 존재는 변한다는 것을 진실로 알고 변화를 즐겨야 합니다. 왜냐하면 피할 수 없으면 즐겨야 합니다.

십 년 전의 남편, 오늘의 남편, 처음 결혼할 때의 남편이 같습니까? 다릅니다. 결혼 초에는 하늘의 별도 따 주고, 달도 따 줄 것처럼 온갖 사랑의 밀어를 속삭였지만 지금도 그런가요? 남편이 달라진 것을 당연하게 생각해야 합니다. 또 앞으로도 달라집니다. 다만 그 변화를 긍정적 변화로, 또 변화를 넘어선 진화로 나아가야 합니다.

변화에 그칠 것인가, 진화까지 나아갈 것인가도 내가 선택합니다. 내 작품입니다. 여러분의 지금 이 모습, 또 여러분의 주변 상황 등은 여러분의 숱한 선택의 결과입니다. 태어남을 뜻하는 birth, 죽음을 뜻하는 death 사이에 무엇이 있습니까? b와 d 사이에 c가 있지 않습니까? 선택 choice입니다.

인생은 선택의 연속입니다. 여러분이 지금 이 순간에 이 법당에 와 있는 것은 누구의 선택입니까? 여러분의 선택입니다. 똑같이 주어진 공간과 시간을 내가 어떤 공간과 어떤 시간으로 채울 것인가는 자기 자신에게 달려 있습니다. 그것이 바로 불교의 공사상입니다. 텅 비었기 때문에 무엇으로든 채울 수 있습니다. 여러분의 현명하고 탁월한 선택을 통해서 멋진 작품을 만들어 내길 바랍니다.

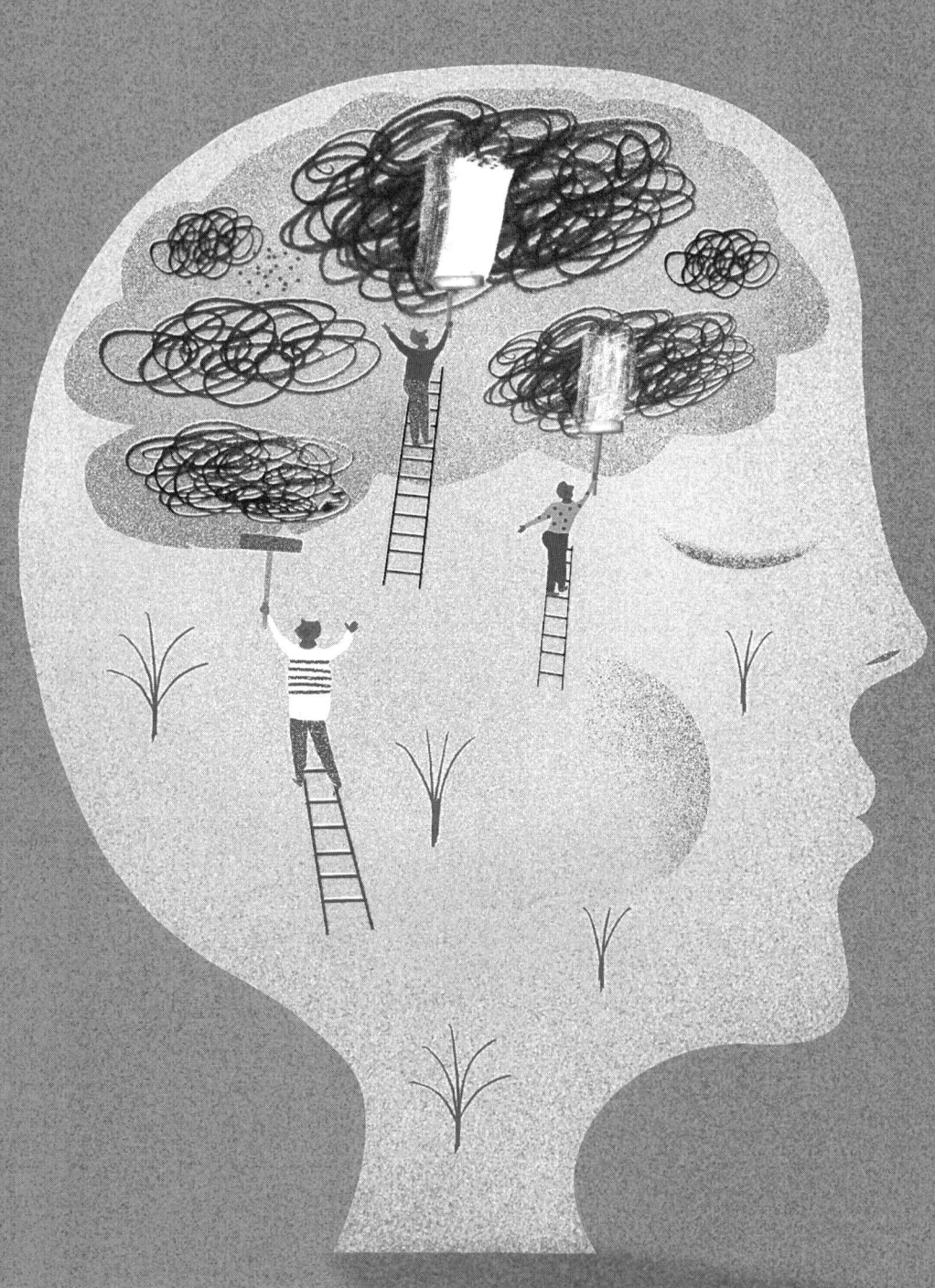

10장

수행은 연습이요,
생활이 실전이다

요즘 취업이 매우 어렵습니다. 취업이 돼야 연애를 하지요. 연애를 포기하니까 결혼도 포기하게 되고 출산까지 포기합니다. 그래서 삼포 세대라고 합니다. 연애 포기, 결혼 포기, 출산 포기. 여러분은 행복한 세대에 태어나서 삼포 세대를 경험하지 않았지만 요즘 세대들이 이런 자조적인 표현을 합니다.

부처님도 삼포 세대입니다. 첫 번째, 부처님은 왕위를 포기했습니다. 왕위 자리를 포기하고 출가해서 처음에 선정을 닦았습니다. 나무 밑에서 선정을 닦다가 보니까 앉아 있을 때는 좋은데 일어나서 다녀 보면 세상이 똑같았습니다. 여전히 병든 사람, 가난한 사람, 늙은 사람들이 눈에 띄고, 괴로워하는 것을 보는 나도 또한 둘이 아니었습니다. '이게 아니구나!' 하고는 두 번째, 선정을 포기했습니다. 그다음에 고행에 들어갔습니다. 고행도 6년 동안 해 보니까 몸만 괴롭지 해탈이 되지 않았습니다. 그래서 세 번째, 고행도 포기했습니다.

마지막으로 부처님은 관찰을 했습니다. 연기법을 순서대로 관찰하고, 거꾸로 관찰하고, 마침내 관찰을 통해서 해탈을 얻었습니다. 부처님은 해탈을 얻고 나서 사람들에게, "고통과 비탄을 뛰어넘고 열반을 얻을 수 있는 유일한 길이 있다. 그것이 바로 사념처관四念處觀이다."라고 설하셨습니다.

『화엄경』을 보면 부처님이 보리수 밑에서 깨달음을 얻고 나서 이렇게 말씀하셨습니다.

> 기이하고 기이하구나!
> 일체 중생이 여래의 지혜와 덕상을 갖추고 있건만
> 망상과 집착으로 깨우치지 못하는구나.
> 다만 망상만 떠난다면,
> 스승이 없는 지혜, 자연스러운 지혜, 걸림 없는 지혜가
> 모두 다 나타날 것이다.

모든 중생들은 이미 여래와 같은 지혜와 덕상을 갖추고 있는데 망상과 집착에 가려져서 그것을 모른다는 것입니다. 구름만 걷히면 태양은 항상 떠 있습니다. 밤에도 하늘에 떠 있지만, 저 지구 반대편에 있어서 내 눈에 보이지 않을 뿐입니다. 내 입장에서 보면 태양이 뜨고 지지만 사실 우주에서 보면 지구가 태양 주위를 계속 돌고 있습니다. 그와 마찬가지로 망상이란 구름만 걷히면 그대로 스승이 없는 지혜, 자연스러운 지혜, 걸림 없는 지혜가 모두 다 나타날 것입니다. 여기서 스승이 없는 지혜란

본래 갖추고 있기 때문에 스승이 필요 없다는 의미입니다.

수행은 깨달음을 얻기 위해서 하는 것이 아니라 망상만 없애주면 됩니다. 그래서 『능엄경』에서 "쉬는 것이 깨달음이다."라고 했습니다. 왜냐하면 깨달음이라는 지혜를 내가 이미 갖추고 있기 때문에 망상만 쉬면 그대로 깨달음입니다.

망상을 쉬는 방법은 '마하반야바라밀'을 염하고 그 소리를 듣는 것입니다. 망상이 나타날 때는 '마하반야바라밀! 망상이 일어났구나.' 하고 얼른 관찰해서 보내 버리고, 본래 화두인 마하반야바라밀로 돌아와야 합니다. 이렇게 본래자리로 돌아오는 것이 망상을 다스리는 방법입니다.

부처님께서 깨달음을 얻고 나서 처음에 5명의 비구를 제도하셨습니다. 그다음에 야사와 그 친구들이 부처님께 출가하여 60명가량의 제자가 생겼지요. 그때 부처님께서는 60명의 제자를 모아 놓고 전법 선언을 하셨습니다.

> 비구들이여! 길을 떠나라.
> 많은 사람의 이익과 안락을 위해!
> 세상에 대한 자비심을 품고,
> 인간과 천신들의 행복을 위해 길을 떠나라.

천신들은 게송 외우는 소리를 들으면 굉장히 좋아하고 경의를 표함니다. 그래서 여러분이 게송 하나라도 외우면 천신이 공중을 날아가다가 게송 소리를 듣고 내려옵니다. 그럼 여러분은 천신과 주종 관계가 아니라 도반 관계로 잘 지내게 되는 것입니다.

> 만약 어떤 사람들이
> 갠지스 강 모래와 같은 수의 목숨으로
> 보시한다 할지라도
> 이 경 중의 네 마디의 글귀라도 받아 지녀
> 남을 위해 설한다면
> 그 공덕은 훨씬 더욱 뛰어나다.

왜냐하면 이 경의 글귀를 듣는 공덕으로 윤회에서 벗어날 수 있기 때문입니다. 복 닦기는 윤택한 윤회를 보장해 주는 것이고, 도 닦기는 윤회로부터 벗어나 해탈로 가는 길입니다.

> 세세생생 부처님을 머리에 이고 다니거나
> 가는 곳마다 침상과 의자가 되어 드린다 해도
> 만약 법륜을 굴려 중생을 제도하지 않는다면
> 마침내 은혜에 보답하지 못한 것이로다.

'부처님, 고맙습니다. 부처님 제가 세세생생 머리에 이고 다니겠습니다. 가는 곳마다 제가 침상과 의자가 되어 드리겠습니다.' 하고 아무리 부처님한테 많이 갖다 바쳐도 은혜를 갚을 수가 없습니다. 부처님 은혜를 갚는 유일한 방법은 법륜을 굴리는 것입니다.

『육조단경』에 나오는
혜능 스님의 무상송
●

만약 세간에서 도를 닦으려면
일체의 모두가 방해 거리가 아니니
항상 자기 허물을 드러내면
도와 더불어 합당하도다.

세간에서 도를 닦으려면 일체가 다 공부거리라고 합니다. 세간에서 일어나는 잡스러운 일, 번거로운 일을, '내가 공부하는 데 방해가 되네.'라고 생각하지 말고, '공부거리가 생겼구나!' 이러한 마음가짐으로 해야 합니다.

"자기 허물을 드러내면 도와 합당하다."라는 말은 도를 닦는 사람은 자기 허물을 생각하고, 그렇지 않은 사람은 남의 허물을 생각한다는 말입니다.

> 만약 참으로 도를 닦는 사람이라면
> 세간의 어리석음을 보지 않나니
> 만약 세간의 잘못을 본다면
> 자기의 잘못이니 도리어 허물이로다.

만약 참으로 도를 닦는 사람이라면 남의 잘못, 남의 허물을 보지 않습니다. 남의 허물을 본다면 그것이 나의 잘못이니 도리어 허물이 된다는 말입니다.

> 법은 원래 세간에 있으며
> 세간에서 세간을 벗어나나니
> 세간의 일을 떠나서
> 출세간의 법을 구하지 마라.

윤회에서 해탈하려면 윤회 속에 있으면서 윤회로부터 해탈을 해야지, 자꾸 윤회를 벗어나서 해탈을 구하려고 하지 말아야 합니다. 무엇이든 구하는 바가 있으면 업이 된다는 소리입니다. 무소유에 구하는 바가 없어야 합니다.

『보왕삼매론』에는 심지어 병이 없기도 바라지 말라고 나옵니다. 병이 없으면 사람이 교만해지기 쉬우니 병으로써 양약을 삼으라고 합니다. 몸이 병들면 스스로 하심하게 되고, 앞만 보고 달려온 자기 인생을 되돌아보게 되니, 이것이 바로 양약입니다.

> 선도 생각하지 말고,
> 악도 생각하지 마라.
> 그럴 때 그대의 본래면목이 무엇이냐?

이것은 육조 혜능 스님의 첫 법문입니다. 선이니, 악이니, 나니, 남이니 이렇게 생각하다 보면 본래면목을 볼 수 없다는 것입니다. 본래면목을 보려면 불사선 불사악不思善不思惡 분별심을 놓아 버려야 합니다.

어떤 선사가 참선 공부를 열심히 했습니다.
그러자 은사스님이 그에게 화두를 주었습니다.
"부모미생전 본래면목父母未生前 本來面目을 가져오너라."
나는 물론이고 내 부모님이 태어나기 이전의 본래면목자리, 그게 바로 부모미생전 본래면목입니다.

그런데 선사가 아무리 공부해도 알 수가 없었습니다. 머리는 뜨끈뜨끈해지고 열이 올랐습니다.

원래 화두를 열심히 들다 보면 머리에 열이 오르는데, 그것을 상기라고 합니다. 기가 상승해서 머리가 뜨거워지고 아프며, 심지어는 머리에 우툴두툴 뭐가 나서 크게 고생하는 경우도 있습니다. 그것은 화두를 머리로 잡아서 그렇습니다. 화두는 머리로 잡는 것이 아니라 배로 들어서 다뤄야 합니다.

하루는 선사가 화두를 참구하다 도저히 답이 나오지 않자, 바람이나 쐐야겠다고 장터로 나갔습니다. 저잣거리를 돌아다니다가 어떤 남자 둘이 멱살을 잡고 싸우는 모습을 보았습니다.

두 남자는 한참 싸우더니 마침내 시비가 풀리자, 한 남자가 이렇게 말했습니다.

"여보게 내가 면목이 없네."

그 말을 듣는 순간, 선사는 그 자리에서 덩실덩실 춤을 추었다고 합니다.

본래면목은 무면목이라, 법신불자리는 고정된 모양이 없습니다. 고정된 모양이 없기 때문에 어떠한 모양으로도 나툴 수 있습니다. 만약 부처님에게 고정된 모양이 있다면 나머지는 다 부처님이 아닌 것이 됩니다. 그러나 고정된 모양이 없기 때문에 여러 모양으로 나타날 수 있는 것입니다. 소 부처, 말 부처, 돼지 부처, 여자 부처, 남자 부처… 얼마든지 나타날 수 있습니다. 바로 본래면목은 무면목이라서 본마음자리는 무심자리이기 때문에 어떠한 마음으로도 쓸 수 있습니다.

여러분의 본래 마음자리는 무심한 마음입니다. 여러분은 본래 선한 사람도 아니고, 본래 악한 사람도 아닙니다. 본래 공한 사람입니다. 그래서 선인도 될 수 있고, 악인도 될 수 있습니다. 내가 선택합니다.

어떤 비구스님이 부처님의 좌선 수행에 대한 법문을 듣고 혼자 멀리 떨어진 곳에서 참선을 했습니다. 그런데 생각처럼 공부가 되지 않았습니다.

그래서 부처님을 만나 다시 적합한 수행 주제를 받으려고 부처님이 계신 곳으로 길을 떠났습니다. 길을 걷다가 멀리서 아지랑이가 아른아른하는 것을 보았습니다.

그때 문득 비구스님에게 이런 생각이 들었습니다.

'저 아지랑이는 먼 데서 보면 실체가 있는 것처럼 보이지만, 막상 가까이 가 보면 잡을 수가 없다.'

이것처럼 마음이라는 것도 일어나고 사라지는 현상이 있지만, 그것은 인연의 소치일 뿐 불변하는 실체가 있는 것이 아닙니다. 하루에도 수십 번씩 일어났다 사라졌다, 오르락내리락, 왔다 갔다 하는 것이 마음입니다.

'마음은 마치 저 아지랑이와 같아서 일어나고 사라지는 현상이 있을 뿐이지 고정불변의 실체가 있는 것이 아니구나.'

하고 비구스님이 터득했습니다.

비구스님은 여기에 마음을 집중하며 계속 길을 가다가 폭포를 만났습니다. 폭포 옆에 앉아 쉬면서 물거품을 바라보다가 이런 생각이 들었습니다.

'인간이 이 세상에 존재하는 것도 저 물거품과 같다. 몸뚱이가 태어나는 것은 물거품이 일어나는 것과 같고, 죽는 것은 물거품이 사라지는 것과 같다.'

그렇습니다. 이 몸뚱이가 얼마나 무상한 것입니까? 마치 저 물거품이 일어났다 사라졌다 하는 것과 같습니다.

『금강경』에도 나옵니다.

일체유위법 여몽환포영 一切有爲法 如夢幻泡影
여로역여전 응작여시관 如露亦如電 應作如是觀

"집착으로 생겨난 모든 존재는 마치 꿈과 같고, 허깨비와 같고, 물거품과 같고, 그림자와 같고, 이슬과 같고, 번갯불과 같다. 응당 이와 같이 관찰해야 한다."라는 의미입니다. 여기서 여섯 가지 현상의 공통점은 일어남, 사라짐 현상만 있을 뿐, 잡으려고 해도 잡을 수가 없는 것입니다.

얼마 전 제가 티베트 다람살라에 가서 달라이라마 존자님을 뵙고 왔을 때 같이 다녀온 일행 중에 한 비구니스님이 있었습니다. 그 비구니스님이 아직 나이도 많지 않은데 갑자기 교통사고로 돌아가셨다는 소식을 접했습니다. 정말 이 몸뚱이가 허망한 것이란 생각이 들었습니다.

불교에서는 죽음이 그 자체로서는 재앙도 아니고 축복도 아닙니다. 살아생전에 보시 복덕을 잘 짓고 마음공부를 잘한 사람에게 죽음은 축복이고, 살아생전에 마음공부도 하지 않고 보시 복덕도 짓지 않은 사람에게 죽음은 재앙입니다.

그 스님 같은 경우에는 복덕도 많이 짓고 마음공부도 많이 해서 도솔천이나 도리천으로 바로 가시니까 축복입니다. 어떻게 보면 오히려 잘

된 일이지만, 그럼에도 불구하고 남아 있는 사람의 입장에서 보면 물거품처럼 허망합니다.

그래서 이 몸뚱이를 너무 애착해서도 안 되고, 그렇다고 너무 함부로 다뤄서도 안 됩니다. 왜냐하면 이 몸뚱이는 체험학습의 교재이기 때문입니다.

부처님께서 비구스님 가까이 몸을 나투어서 말씀하셨습니다. 비구스님 가까이 몸을 나투신다는 것은, 육신은 저 도량에 계시면서 이 비구스님의 마음을 읽고, 보신을 비구스님 앞에 보냈다는 소리입니다. 그래서 그때부터 법신法身, 보신報身, 화신化身의 개념이 나타나고 있습니다.

"이 몸이 물거품처럼 허무하고 마음이 아지랑이처럼 실체 없음을 깨닫는다면 그는 능히 감각적 쾌락의 화살을 꺾으리니 죽음의 왕도 그를 보지 못한다."

이 몸과 몸뚱이에 대한 애착이 쉬고 마음의 분별심이 쉬면 저승사자도 나를 어찌할 수 없습니다. 왜냐하면 저승사자가 보지 못하기 때문에 끌고 갈 수 없는 것입니다.

『마조록』에 나오는 유명한 '마조도일 선사'의 일화가 있습니다.

마조도일 선사가 머무는 곳 인근에 절이 하나 있었습니다. 그런데 그 절의 주지스님이 출가한 지 사십 년이 되었는데도 아직 마음법을 깨치지 못했습니다.

모든 중생들은 이미 여래와 같은
지혜와 덕상을 갖추고 있는데
망상과 집착에 가려져서 그것을 모릅니다.
구름만 걷히면 태양은 항상 떠 있습니다.
밤에도 하늘에 떠 있지만 저 지구 반대편에 있어서
내 눈에 보이지 않을 뿐입니다.

그러던 어느 날 밤, 갑자기 저승사자 둘이 나타나서 주지스님에게 가자고 하는 것입니다. 주지스님이 저승사자에게 사정했습니다.

"그래도 이것은 너무 심한 게 아닙니까? 갑자기 나타나서 가자고 하면 어떡합니까? 하루만이라도 말미를 주십시오."

그래서 간신히 하루의 말미를 얻은 주지스님이 생각했습니다.

'마음만 먹고 있었지 제대로 된 수행도 못하고 사십 년을 허송세월했는데, 단 하루 동안 어떤 수행을 할 것인가?'

갑자기 고민한다고 되겠습니까? 평상시에 연습을 해 둬야 위기일발의 순간에 써 먹을 수 있지요.

주지스님은 인근에 있는 마조도일 선사를 찾아가 사정 이야기를 했습니다.

"저를 좀 살려 주십시오."

마조도일 선사가 말했습니다.

"그렇다면 나를 믿고 내 옆에 앉아 있으시오."

그리하여 주지스님이 마조도일 선사 옆에 앉아 있었습니다.

다음 날 아침이 되자마자 득달같이 저승사자 둘이 마조도일 선사가 있는 곳까지 찾아왔습니다. 그런데 희한한 것이 두 스님의 눈에는 저승사자가 보이는데, 저승사자들 눈에는 두 스님이 보이지 않았습니다. 할 수 없이 저승사자들은 그대로 돌아가고, 주지스님은 죽음을 모면할 수 있었습니다.

마음공부를 잘하면 나도 저승사자를 볼 수 있습니다. 그럼에도 불구하고 저승사자는 나를 보지 못합니다. 왜냐하면 내가 무분별심이 되었기 때문입니다. 그런데 마음공부를 하지 않으면 거꾸로 됩니다. 저승사자의 눈에는 내가 보이는데, 내 눈에는 저승사자가 보이지 않습니다.

저승사자는 몸뚱이를 데려가지 않습니다. 저승사자가 끌고 가는 것은 분별심입니다. 고정된 실체로서의 내가 있다는 생각, 고정관념인 나다, 남이다, 옳다, 그르다는 분별심을 끌고 갑니다. 그것이 윤회의 주체가 됩니다. 그래서 분별심이 쉬면, 윤회를 쉬게 됩니다. 이런 분별심을 쉬려면, 화두를 잡고 공부를 해야 합니다.

행불 행자의 서원

부처님! 감사합니다.
법륜을 굴리겠습니다.
행불 하겠습니다.

제가 매일 부처님께 하는 감사의 표현입니다. "법륜을 굴리겠습니다. 행불 하겠습니다."

법륜이라는 것은 불법의 수레바퀴라는 뜻입니다. 부처님 가르침을 수레바퀴처럼 세계만방에 돌리는 것, 이것이 법륜을 굴리는 것입니다.

이제 청구서는 그만 써야 합니다. "부처님, 이것 해주세요, 저것 해주세요." 하고 청구서를 하도 가져다 써서 다 떨어졌습니다. "부처님, 잘 받았습니다. 감지덕지입니다. 고맙습니다." 하고 영수증을 좀 발부해야 합니다. 그리고 말로만 감사하다고 하지 말고 감사함을 나타내야 합니다.

여러분은 부처님에 대해서 오해를 하고 있습니다. 부처님이 우리와 완전히 다른 줄 알고 있습니다. 물론 법신불은 다릅니다. 여러분의 상상을 초월합니다. 그러나 보신불은 여러분과 같습니다. 분별심을 일으켜서 중생을 제도하러 왔기 때문에 보신불의 입장에서는 예쁜 것과 미운 것이 있습니다. 무조건 부처님이 무차별의 경지인 줄 아는데, 그렇게만 있으면 이 세상이 교화되지 않습니다. 그래서 일부러 한 생각 일으켜서 오신 부처님이 보신불입니다. 여러분이 기도하면 기도에 응답해 주시는 부처님이 보신불입니다.

인과법을 무시하지 말고 감사하면 감사함에 대한 보답을 해야 합니다. 감사함에 대한 보답 중에 최고의 보답이 법륜을 굴리는 것, 즉 부처님의 가르침을 전달하는 것입니다. 직접 전달하면 제일 좋고, 직접 안 되면 간접으로 전달하면 됩니다. 불교 방송이라도 열심히 들으면서 문자도 날리고, 만공회에 가입도 하고, 법륜을 잘 굴리는 스님들을 지원해 주는 것 등이 법륜을 간접으로 굴리는 것입니다.

또 복 닦기, 도 닦기를 혼자서 하는 것은 거의 어렵다고 봅니다. 혼자서 하면 역량이 바닥나니까 모여서 같이하면 훨씬 수월하고 시너지 효과도 커집니다. 예를 들어 '행불회'처럼 같이 모여서 경전 공부도 하고, 게송 낭송 대회도 하고, 동안거 수행 들어와서 같이 참선 정진도 하고, 이웃 사랑 남산 걷기 해서 보시도 하고…; 이 얼마나 좋습니까?

여러분은 지금 굉장히 좋은 시대를 살고 있습니다. 대한민국에서 불교가 지금처럼 이렇게 살아나고 있는 때가 없습니다. 앞으로는 불교의 시대가 열릴 것입니다. 가능성이 많습니다. 왜? 여러분이 있기 때문입니다.

부처님은 두 말씀 하지 않으시네.
승리자는 빈 말씀 하지 않으시네.
부처님에게 거짓이란 없으니
나는 반드시 붓다가 되리라.
허공에 던져진 흙덩이가 땅으로 떨어지듯
나는 반드시 붓다가 되리라.
짙은 어둠이 끝나면 태양이 솟아오르듯
나는 반드시 붓다가 되리라.
깊은 잠에서 깨어난 사자가 포효하듯
나는 반드시 붓다가 되리라.
짊어진 무거운 짐을 벗어 버리듯
나는 반드시 붓다가 되리라.

특강

특강 1

도 닦기와
복 닦기

사람들은 누구나 행복을 원합니다. 정말 행복해지려면 어떻게 해야 될까요? 방법은 두 가지, 도 닦기와 복 닦기입니다.

도 닦기와 복 닦기를 하지 않으면서 행복해진다는 것은 어불성설입니다. 일시적인 행복감을 느낄 수는 있습니다. 멘토mentor가 좋은 얘기를 해주거나, 좋은 책을 보거나, 좋은 음악을 들으면 편안해지고 행복해질 수 있습니다. 그러나 오래가지 못합니다. 며칠 지나면 언제 그랬느냐는 듯이 잊어버립니다. 일회용 밴드식 처방이지요. 근원적인 처방은 두 가지밖에 없습니다. 하나는 욕심 줄이기 도 닦기, 또 하나는 소유 늘리기 복 닦기입니다.

『법구경』에 보면, "행복으로 가는 두 가지 길이 있다. 첫 번째가 천상으로 가는 길이고, 두 번째가 해탈로 가는 길이다."라고 했습니다. 행복하게 살다가 죽어서 천상으로 가려면 어떻게 해야 할까요? 복을 닦아야 합니다. 그리고 해탈로 가려면 도를 닦아야 합니다. 이것이 행복으로 가는 지름길이자 유일한 길입니다.

다른 것들은 일시적인 행복감을 느끼게 할 뿐입니다. 예를 들어, 술을 마시면 일시적으로 기분이 좋아지지만, 그다음 날 일어나면 '아이고 머리야~.' 하고 기운이 빠집니다. 또 마약을 하고 나면 세상이 다 아름다워 보이고 행복하게 느껴집니다. 그러나 깨고 나면 더 허탈해서 다시 찾게 되고, 그러는 사이 점점 몸과 마음과 재물은 피폐해지고 맙니다. 그래서 근원 처방은 도 닦기와 복 닦기밖에 없습니다.

도 닦기의 핵심은 관찰이고, 복 닦기의 핵심은 보시입니다.

부처님께서 이 세상에 오신 뜻은 중생들을 행복하게 해주기 위해서입니다. 부처님께서는 제자들에게, "중생들의 이익과 행복을 위해서 길을 떠나라. 나도 그리하리라." 하고 전도 선언을 하셨습니다. 그런데 어떻게 해야 행복해질 수 있을까요? 부처님이 여러분 대신 행복해 줄 수 있을까요? 부처님도, 하느님도, 신도 여러분을 대신해서 행복해 줄 수 없습니다. 자기가 직접 그 길을 가야만 합니다. 부처님은 다만 그 길을 가르쳐 줄 뿐입니다.

천상에 가고 싶으면 복을 닦고, 복을 닦으려면 보시를 하라고 합니다. 보시를 하는 것이 복을 닦는 가장 근본적인 방법입니다.

그다음 해탈로 가려면 도를 닦으라고 합니다. 산중 스님들이나 도를 닦는 것이지, 우리가 무슨 도를 닦을 수 있겠느냐고 굉장히 어렵게 생각하겠지만 그렇지 않습니다. 관찰만 하면 그것이 도를 닦는 것입니다. 관찰하는 것이 마음을 닦는 것이니까요. 『금강경』에서 '응작여시관應作如是觀', 『화엄경』에서 '응관법계성應觀法界性', 『반야심경』에서 '조견오온개공照見五蘊皆空'이라 했습니다. 여기서 관觀, 견見이 바로 마음을 닦는 것입니다.

마음이 일어나고 사라지는 것을 관찰해 보겠습니다. 닉네임(별명)을 붙여서 '월호가 화가 일어나려고 하는구나.' 이런 식으로 관찰하는 방법이 있고, 또는 닉네임 대신 육근의 무더기라는 말을 붙이는 것입니다. 육근六根이란 눈眼, 귀耳, 코鼻, 혀舌, 몸身, 뜻意 여섯 가지 근본적인 기관입니다. 우리는 눈, 귀, 코, 혀, 몸, 뜻이 모여서 형성된 것이지, 실체가 있는 것이 아닙니다. 그래서 화가 나거나 욕심이 생기면, '육근의 무더기가 화를 내는구나. 욕심을 부리는 것도 육근의 무더기이지, 내가 욕심을 부리는 것이 아니다.' 하고 관찰하는 것입니다. 훨씬 효과적인 방법입니다.

지난번에 방송국에 녹화하러 갔을 때 이야기입니다. 패널(토론자) 가운데 유명한 가수가 있었는데, 그는 말끝마다 "엄마가 이걸 보면 뭐라고 할까요?" 하는 식으로 완전 마마보이였습니다. 그 사람의 트라우마trauma는 어머니였습니다. 어렸을 때부터 습이 되어 온 것입니다. 뭔가에 완전히 의지해서 살게 되면 거기에 매이게 됩니다. 그러니까 잘 관찰해서 거기서 벗어나야 합니다. '육근의 무더기가 어머니를 지나치게 의식하고 있구나.' 하고 관찰하는 순간 내 트라우마가 아니라 육근의 무더기의 트라우마가 되는 것입니다.

또 행불선원의 어떤 분은 아버지에 대한 두려움이 강했습니다. 아버지가 너무 엄해서 어렸을 때부터 위축되어 있었는데, 결혼하고 나서도 계속 두려움에 떠는 마음이 남아 있었습니다. 트라우마는 그냥 놔둔다고 없어지는 것이 아닙니다. 잠복해 있다가 때가 되면 나타납니다. 그리고 죽을 때 가지고 갑니다. 그러니까 살아 있을 때 이것을 치유해야 합니다.

예전에 TV 드라마 '모래시계'에서 주인공이 "나, 떨고 있니?" 그러잖아요. 그러면 절대 극복할 수 없습니다. "육근의 무더기가 떨고 있니?" 이래야 합니다. '나'라고 하지 말고 별명을 붙여서 '아무개가 떨고 있구나, 육근의 무더기가 떨고 있구나.' 하고 자꾸 연습해야 합니다. 그럼 아버지에 대해 떨고 있는 것은 내가 아니라 육근의 무더기가 떨고 있는 것입니다. 나는 육근의 무더기가 떨고 있는 것을 관찰하는 입장에 서 있게 됩니다. 그래야 그 트라우마를 치유할 수 있습니다. 입장이 바뀌어 객관화되니까 다룰 수 있게 된 것입니다. 주관화되어 있으면 보이지 않기 때문에 다룰 수 없습니다.

그다음에, 어떤 분은 자식이 일찍 죽었습니다. 그것에 대한 트라우마가 강했습니다. 그동안 살아오면서 그분은 신앙생활도 열심히 하고 나쁜 짓도 하지 않고, 아들 역시 법 없이도 살 만큼 착한 아이였답니다. 그런데 어느 날 갑자기 멀쩡한 아들이 죽었으니 엄청난 트라우마였습니다. 자식을 묻으면 가슴에 묻는다고 하지요. 평생 가져가고 죽어서도 가져갑니다.

그런 트라우마도 해결해야 합니다. '도대체 원인이 뭘까?' 하고 관찰을 해야 합니다. 일단 자기 가슴이 아픈 것을 관찰하고, 그다음에 원인을 관찰합니다.

경전을 보면 부처님께서 설명해 주신 예화들이 많이 나옵니다. 이 경우는 과거 생과 금생과 내생, 삼세인과를 놓고 얘기해야 풀립니다. 한 생만 보면 절대 이해할 수 없습니다.

보통 그렇게 자식으로 태어나서 착하게 잘 살다가 갑자기 죽는 경우는 과거 생에 원수입니다. 서로 살생의 연이 많습니다. 과거 생에 살생을 했거나, 아니면 그 사람이 아주 소중히 여기는 것을 빼앗았거나 하면 원수를 갚아야 됩니다. 원수를 가장 적극적으로 갚는 방법이 바로 그 사람의 자식으로 태어나는 것입니다.

그런데 만날 속만 썩이다가 죽으면 덜 속상합니다. 말도 잘 듣고 공부도 잘하고 아주 착하게 살다가 갑자기 죽어야 속이 더 쓰린 법이니까요. 상당수가 그런 경우입니다. 그것을 모르기 때문에 더 슬퍼하는 것입니다.

삼세를 볼 줄 아는 눈이 있다면 그렇게까지 슬퍼하지 않습니다. '아, 얘가 원수 갚으러 왔다 갔구나. 그래 내가 몹쓸 짓을 해서 그렇게 받은 거야. 미안하다. 앞으로 우리 잘 지내고, 이제 그만하자.' 하고 마음에서 흔쾌히 보내 줘야 합니다. 그리고 공양이나 복덕을 지어서 잘 회향해 주면 정리가 됩니다. 따라서 트라우마를 없애고 근원 치유를 하려면 삼세 인과를 볼 줄 알아야 합니다. 바로 관찰이라는 수행을 통해서 생기는 것입니다.

 이 세상을 행복하게 살고 행복한 죽음을 맞이하려면 복 닦기와 도 닦기를 해야 합니다. 이것이 행복한 불교의 키워드입니다.

특강 2

자애경 법문

자애경도 보면 '자비 나눔, 행복 충만'입니다. 구호부터 외치고 시작하겠습니다. 제가 '자비' 하면, 여러분이 '나눔', 제가 '행복' 하면, 여러분이 '충만'이라고 외칩니다.

자비(스님) 나눔(여러분)!
행복(스님) 충만(여러분)!

자애경은 부처님께서 비구들에게 주신 무기입니다.

어느 날 스님들이 숲속으로 수행을 하러 들어갔습니다. 그 숲에는 목신木神들이 나무에 깃들여 살고 있었습니다. 목신들은 나무 밑에서 스님들이 수행하고 있으니까 여간 불편하지 않았습니다. 그래서 땅으로 내려와 지내며 스님들이 떠나기만 기다렸습니다. 그런데 가만히 들어 보니 스님들이 석 달이나 그곳에서 정진한다는 것이었습니다.

"안 되겠다. 스님들을 쫓아내야 되겠다."

하고 작당한 목신들은 스님들 앞에 흉측한 형상으로 나타났습니다. 머리 없는 귀신, 목 없는 귀신, 다리 없는 귀신이 되어 위협하기도 하고 귀곡 소리도 냈습니다.

"여기서 도저히 수행하지 못하겠다."

마침내 스님들이 더 이상 견디지 못하고 숲을 떠나 부처님께 되돌아갔습니다.

부처님이 자초지종을 듣고 나서 말씀하셨습니다.

"너희가 무기가 없어서 여기까지 쫓겨 왔구나. 내가 너희에게 무기

특강 197

를 줄 테니 그것을 가지고 다시 돌아가 정진하여라."

그때 부처님께서 주신 무기가 자애경입니다.

스님들이 자애경을 암송하면서 다시 숲속으로 들어갔습니다. 목신들은 자애경 암송 소리를 듣고 감화되어 마음이 따뜻해졌습니다. 스님들에 대해 존경하는 마음도 생겼습니다. 그리하여 목신들은 수행을 방해하는 악신에서 수행을 도와주는 선신으로 바뀌었습니다.

이처럼 신들도 경전을 암송하는 소리를 들으면 감동한다고 합니다. 그중에 대표적인 것이 자애경입니다.

자애경

살아 있는 생명이면 어떤 것이건
하나 예외 없이
약한 것이건 강한 것이건
길건 크건 아니면 중간치건
짧건 미세하건 또는 거대하건
모든 생명이 행복하기를!
누구도 자기 동반을
그것이 어디에 있건 간에
속이거나 헐뜯는 일이 없게 하라.
누구도 남들이 잘못되기를 바라지 말라.
원한에서든, 증오에서든.
어머니가 하나뿐인 자식을

목숨 바쳐 위험으로부터 구해 내듯
만 중생을 향한 일체의 포용의 생각을
자기 것으로 지켜내라.
전 우주를 그 높은 곳, 그 깊은 곳, 그 넓은 곳
끝까지 모두를 감싸는 사랑의 마음을 키워라.
미움도 적의도 넘어선 잔잔한 그 사랑을!

이것은 자애경의 축소판입니다. 자애경 전체는 이것보다 세 배 정도 길어서 다 외우기 힘드니까 그 내용 가운데 핵심만 뽑아서 네 단락으로 줄였습니다.

얼마 전에 TV에서 본 것입니다. 수컷 꿩을 장끼라고 하지요. 산기슭에 마당이 있는 이층집이었는데, 거울 같은 유리창이 달려 있었습니다. 그곳에 꿩이 와서 살금살금 돌아다니다가 웬 꿩을 보게 된 것입니다. 처음엔 딱 쩨려보더라고요. 그런데 유리창에 비친 녀석이 똑같이 쩨려 보잖아요. 뭐야? 그러더니 푸드득푸드득하고 머리로 유리창을 쿵쿵 쪼고, 돌아섰다가 다시 보니까 꿩이 또 있어 또 쪼아 대는 겁니다. 꿩은 아침저녁으로 와서 유리창에 비치는 자기 꿩이랑 싸웠습니다. 시도 때도 없이 하루 종일 쿵쿵 소리가 나고 푸드득푸드득하니까, 그 집 주인이 노이로제에 걸릴 지경이었습니다.

사실은 우리가 꿩입니다. 꿩처럼 싸우고 있습니다. 그게 남인 줄 아는 것입니다. 우주에 투영된 자기 모습을 남이라고 생각하고는 애착하고 싸우고 미워하지만 '나'입니다. 자기의 또 다른 모습인데, 내가 나라고 생각하지 않습니다.

남편이나 부모님이나 아이들이 나의 한 모습입니다. 세상에 모든 아이들이 내 자식이고, 세상에 모든 어머니들이 나의 어머니이고, 세상의 모든 존재가 나의 또 다른 모습입니다. 이것이 법신불 사상입니다. 부처 아닌 게 없습니다.

그래서 온 우주를 내 집으로 삼고 모든 생명을 다 내 가족으로 여기는 것이 자애경입니다. 이런 마음가짐을 연습하면 사람은 물론 신들도 감흥해서 도와준다고 합니다. 신들에게 도움을 받는 아주 좋은 방법이 자애경을 읽고 그 마음을 연습하는 것입니다.

1.
살아 있는 생명이면 어떤 것이건
하나 예외 없이
약한 것이건 강한 것이건
길건 크건 아니면 중간치건
짧건 미세하건 또는 거대하건
모든 생명이 행복하기를!

자애경의 첫째 단락은 모든 생명이 다 행복하기를 기원하는 것입니다. 내가 증오하고 미워하는 사람이 있으면 그것이 길건 크건 아니면 중간치건 간에, '저 사람은 잘되지 않았으면 좋겠어.' 하는 마음이 은근히 깃들어 있을지 모릅니다. 그러나 자애경은 모든 중생은 물론이고 모든 생명이 다 짧건 미세하건 또는 거대하건 간에 행복하기를 기원합니다. 이 마음이 고귀한 마음입니다.

2.
누구도 자기 동반을,
그것이 어디에 있든 간에
속이거나 헐뜯는 일이 없게 하라.
누구도 남들이 잘못되기를 바라지 말라.
원한에서든, 증오에서든.

이 시대 이 장소에 우리가 함께 머물고 있다는 것은 굉장한 인연의 소치입니다. 그게 바로 동반입니다. 내 주변 사람들, 가족, 친척, 친구 등 이 시대를 함께 살고 있는 자기 동반입니다. 여러분과 저도 동반자입니다.

자기 동반을 그것이 어디에 있든 간에 속이거나 헐뜯는 일이 없게 하라고 합니다. 사실 헐뜯기가 쉽습니다. 사람 마음속엔 어딘지 모르게 은근히 남 헐뜯기를 좋아하는 마음이 있습니다. 최상의 안주가 남을 헐뜯는 겁니다. 좋은 이야기는 금방 단물이 빠지는데, 헐뜯는 이야기는 씹으면 씹을수록 맛있거든요. 이렇게 남을 헐뜯다 보면 결국은 그게 돌고 돌아서 자기한테 돌아옵니다. 그래서 누구든 어디에 있든 간에 속이거나 헐뜯지 말라고 합니다.

또 남들이 잘못되기를 바라지 말라고 합니다. 남들이 잘못되기를 바라면 내가 잘못됩니다. 왜일까요? 누군가 잘못되기를 바라는 마음은 내 마음입니다. 내 마음이 잘못되는 데 초점이 맞춰지면 우주는 내가 잘못되기를 바라는 마음으로 듣습니다. 우주는 분별이 없습니다. 저 사람이나 나나 우주의 입장에서 보면 다 똑같습니다. 나는 분명히 남이 잘못되기를 이야기했지만, 우주는 구분하지 않고 잘못되기만을 접수합니다. 그러니까 남이 잘못되기를 바라면 내가 잘못됩니다. 누구도 남이 잘못되기를 바라는 마음을 먹지 않게 해준 것입니다. 원한에서든 증오에서든 나를 괴롭힌 사람일지라도 잘못되기를 바라지 않는 것이 진정한 자애심입니다.

부처님 당시에 우따라라는 여인이 있었습니다. 우따라의 집은 불자 집안이었는데, 우따라는 이교도에게 시집갔지요. 우따라의 아버지 뿐나도 처음에는 우따라를 이교도에게 시집보낼 생각이 없었습니다.

원래 뿐나는 남의 집에서 농사짓던 하인이었습니다. 어느 날 뿐나는 자기가 먹을 점심을 수행자에게 보시했습니다. 그랬더니 뿐나가 밭갈이해 놓은 흙덩이들이 다 금덩이로 변한 것입니다. 그렇다고 금덩이를 자기가 가질 수는 없었습니다. 그 당시에는 모든 땅에서 소출되는 것은 왕의 것이기 때문에 그 금덩이를 왕에게 바쳤습니다. 그런데 금덩이를 왕에게 가져가니까 그게 도로 흙덩이로 변한 거예요. 왕이 뿐나에게 도로 갖다 주라고 해서 다시 뿐나에게 오니까 희한하게 금덩이로 변했습니다. 그리하여 뿐나는 보시한 공덕으로 부자가 된 것입니다.

자기 복이 있는 사람은 자기 복을 받게 되어 있습니다. 저 사람이 내 복을 뺏어 가는 것 같지만 아무도 내 복을 뺏어 갈 수 없습니다. 내가 복이 없으니까 뺏긴다고 생각되는 것입니다. 복이라는 것은 도 닦기와 마찬가지입니다.

그 뒤 뿐나는 재정관으로 임명되어 잘살았습니다. 그런데 원래 뿐나가 머슴살이하던 주인집이 또한 재정관이었습니다. 예전 주인집 재정관이 보기에 뿐나가 자기보다 훨씬 더 잘사니까 자기 아들을 뿐나의 딸 우따라에게 장가보내려고 했습니다. 그래서 어쩔 수 없이 우따라를 시집보냈는데 불자가 아닌 이교도 집안이었던 것입니다.

우따라가 시집와서 보니 사는 재미가 없었습니다. 시집오기 전에 친정에 있을 때는 시시 때때로 부처님과 스님들을 초청해서 공양을 올리고 법문을 듣는 것이 큰 즐거움이었습니다. 그것이 최고의 복 닦기와 도 닦기였는데, 시댁에는 그런 재미가 없었습니다.

우따라는 친정아버지에게 편지를 썼습니다.

"아버지, 왜 저를 이런 집에 시집보내셨어요. 요즘 제가 사는 즐거움이 없습니다. 산다는 게 뭡니까? 잘 먹고, 좋은 옷 입고, 좋은 집에 사는 게 진정 사는 것인가요? 공양 올리고 보시 복덕 지으며 법문 듣는 것이 야말로 최고의 즐거움이었는데, 시댁에서는 그런 일이 전혀 없습니다."

우따라의 편지를 받고 아버지 뿐나는 마음이 편치 않아서 답장을 보냈습니다.

"백중이 15일밖에 남지 않았구나. 그러니 백중 때까지 네 남편을 시리마에게 시중들게 해라. 듣자 하니 시리마는 이 도시에서 제일 아름다운 기녀라고 하더라. 내가 돈을 보내 줄 테니 시리마를 사서 남편을 시봉 들게 하고, 그 시간에 너는 부처님과 스님들을 모시고 공양을 올리고 법문을 듣도록 해라."

하고 아버지가 거금을 보냈습니다.

우따라는 남편에게 허락을 받기 위해 여차저차해서 아버지가 거금을 보내 왔다는 이야기를 했습니다. 그러자 남편은 처음에는 반대했습니다.

"그게 무슨 소리요, 어떻게 내가 다른 여자와 지낼 수 있겠소."

그러나 우따라가 막상 시리마를 데려와 보여 주자, 남편은 시리마의 빼어난 미모에 눈빛이 확 달라졌습니다.

'아, 이렇게 아름다울 수가! 이 여자라면 얼마든지 같이 있고 싶다.'

시리마에게 마음을 빼앗긴 남편은 우따라의 제안을 받아들였습니다.

이제 우따라는 마음 놓고 부처님과 스님들을 모시고 공양을 올릴 수 있게 되었습니다. 우따라는 팔소매를 걷어붙이고 하인들과 같이 공양 준비를 했습니다. 직접 불을 때고 음식을 만들다 보니까 검댕이도 묻고 땀도 주르륵 흘렸습니다.

남편이 창밖으로 우따라를 바라보았습니다.

'참 희한한 여자야. 어떻게 자기 남편을 기녀에게 시중들게 하고 자기는 저렇게 땀을 뻘뻘 흘리고 일하면서 좋아할까.'

남편은 우따라의 행동을 이해할 수 없어서 피식 웃었습니다. 그 모습을 시리마가 보았습니다.

'이 남자가 어디를 쳐다보고 저렇게 웃고 있지?'

시리마는 남자의 눈길이 우따라에 머물러 있는 것을 보고 질투심이 일어났습니다. 본래는 자기 것이 아니고 저 여자 것인데, 그럼에도 불구하고 보름을 같이 지내다 보니까 애착이 생긴 것입니다.

그래서 부처님은 심지어 한 나무 밑에서 사흘 이상 정진하지 말라고 했습니다. 한 나무 밑에서 사흘 이상 있다 보면 '내 자리다.' 하는 애착이 생긴다고 합니다. 시리마도 보름을 시봉하다 보니까 '내 남자다.' 하는 생각이 들게 된 것입니다.

시리마는 남자가 우따라를 보며 웃는 것을 보고 질투심이 확 올라 밖으로 나갔습니다. 그러고는 펄펄 끓는 국을 바가지로 떠서 우따라에게 부어 버리려고 했습니다. 그 순간 우따라는 화를 내지 않고 생각했습니다. 계속 부처님에게 법을 들었기 때문에 자애삼매에 들어간 것입니다.

'저 여자 덕분에 내가 부처님과 스님들을 모시고 공양도 올리고 법문도 들을 수 있었어. 얼마나 고마운 사람인가!'

우따라는 여기에 초점을 맞추었습니다. 그렇게 생각하는 것도 맞는 말입니다. 저 여자가 없었으면 보시 복덕을 짓지 못했을 테니까요. 자애삼매에 드니까 몸에 뜨거운 물을 부었는데도 전혀 화상을 입지 않았다고 합니다.

나중에 그 이야기를 듣고 부처님께서 말씀하셨습니다.

"선재 선재라. 그야말로 진정한 나의 제자이다."

이것이 바로 자애심입니다. 원한에서든 증오에서든 남들이 잘못되기를 바라지 않는 것이 자애심입니다.

3.
어머니가 하나뿐인 자식을
목숨 바쳐 위험으로부터 구해 내듯
만 중생을 향한 일체 포용의 생각을
자기 것으로 지켜내라.

아라한이 되고 보살이 되려면 온 중생을 다 내 아버지 내 어머니 또는 내 자식으로 생각하도록 연습해야 합니다. 나만 내가 아니라 모두 다 나인 것처럼 내 가족만 내 가족이 아니고 인류가 다 내 가족이라는 마음을 자꾸 연습해야 합니다. 사실은 모두 다 한 고향이고 한 식구거든요. 그래서 자식을 구해 내듯이 만 중생을 일체 포용하여 자기 것으로 지켜내야 합니다. 이것이 바로 성품자리로 돌아가는 연습을 하는 것입니다. 원래 성품에서 다 나왔기 때문입니다.

4.
전 우주를, 그 높은 곳, 그 깊은 곳, 그 넓은 곳
끝까지 모두를 감싸는 사랑의 마음을 키워라.
미움도 적의도 넘어선 잔잔한 그 사랑을!

전 우주를 높은 곳이건 깊은 곳이건 넓은 곳이건 끝까지 모두 감싸고 사랑하는 마음을 키워야 합니다. 나에게 잘해 주는 사람은 사랑하기 쉽지만, 나를 꾸짖고 때리고 비방하는 사람을 사랑하기는 쉽지 않습니다. 그러나 미움도 적의도 넘어서 원수조차 사랑하는 마음을 연습하는 것이 자애심입니다.

이 인연 공덕으로
내가 어려움에서 벗어나 건강하고 행복하기를!
내가 사랑하는 그가 어려움에서 벗어나 건강하고 행복하기를!
내가 미워하는 그도 어려움에서 벗어나 건강하고 행복하기를!
지금 이 자리에 있는 모든 사람들이 어려움에서 벗어나 건강하고 행복하기를!
자비 나눔에 동참한 모든 사람들이 어려움에서 벗어나 건강하고 행복하기를!

　보름달이 가득 차듯이 모든 서원이 가득 차기를!

　이것이 자애삼매를 닦는 방법입니다. 나부터 시작해서 점점 모든 사람으로 경계를 확장해 갑니다. 처음에는 내가, 내 가족이 어려움에서 벗어나 건강하고 행복하기를 기원하고, 다음에는 내가 사랑하는 사람, 그다음 내가 미워하는 사람도 어려움에서 벗어나 건강하고 행복하기를 기원하는 마음이 진정한 자애삼매입니다.

　자애심을 닦으면 열한 가지 공덕이 있다고 부처님께서 말씀하셨습니다. ① 편안하게 잠들고, ② 편안하게 깨어나고, ③ 악몽을 꾸지 않고, ④ 사람들에게 사랑받고, ⑤ 사람 아닌 자에게도 사랑받고, ⑥ 천신들이 보호하고, ⑦ 불이나 독이나 무기가 그를 해치지 못하고, ⑧ 마음이 쉽게 삼매에 들고, ⑨ 얼굴빛이 밝아지고, ⑩ 죽음 앞에서 당황하지 않고, ⑪ 범천, 천상계에 태어난다고 합니다.

특강3

게송으로 본 붓다의 전생담

최상의 휴머니스트였던 붓다의 일생을 게송을 통해 조명해 보았습니다. 요즈음 휴머니스트란 말이 많이 나오는데, 불교야말로 휴먼 종교입니다. '휴먼'이라는 말이 '인간의, 인간에 의한, 인간적인' 이런 의미이거든요. 불교야말로 인간적인, 인간의, 인간에 의한 종교가 아닐까 생각합니다. 붓다야말로 최상의 휴머니스트, 인간주의자입니다. 인간의 몸으로 신을 능가한 분, 신의 스승이 된 분이 바로 붓다입니다.

그런데 붓다는 희한하게 인간이 되어야 붓다가 될 수 있습니다. 신으로 있다가 붓다가 될 수는 없습니다. 부처님의 일생도 보면 석가모니 부처님이 되시기 전에 신이었습니다. 천상에 신으로 있다가 도솔천 내원궁에 가 계셨습니다. 붓다가 될 때가 되면 인간으로 태어나야 하니까요. 그러니 불교가 얼마나 휴머니즘적인 종교인가요? 신으로 있다가도 부처가 되기 위해서는 다시 인간이 되어야 합니다.

다른 종교에서는 신이 되지 못해 안달인데, 불교는 인간이 되지 못해 안달입니다. 인간이 되어야 신이 되고 붓다가 될 수 있다는 것은 엄청난 의미를 지니고 있습니다.

디빵까라(연등) 부처님께 수기를 받은 청년 수메다

백겁의 세월이 흐른 뒤
그대는 사바세계에서

여래, 무소착, 지진, 등정각이 되어
샤카무니라 불릴 것이다.

-『부처님의 생애』, 조계종 출판사

우리가 사는 세계가 사바세계입니다. 사바란 고통을 참아 내는 땅을 뜻합니다. 극락세계와 대비되는 말입니다. 극락은 극도의 낙樂만 있는 세계이고, 사바세계는 고苦와 낙樂이 같이 있는 세계입니다. 그러니 사바세계에 살면서 좋은 일만 생기길 바라면 그것은 잘못된 생각입니다. 마치 감옥에 살면서 자유롭게 살기를 바라는 것과 똑같습니다.

우리가 사바세계에 태어난 것은 과거에 사바세계에 태어날 만한 인因을 지었기 때문에 지금의 사바세계라는 연緣을 만난 것입니다. 그래서 고苦와 낙樂을 겸해서 받는다는 생각을 가져야 합니다. 고통이 오면 일단, '사바세계이니까.' 이런 마음으로 감수할 필요가 있습니다.

여래如來는 '이와 같이 오신 분이다.'라는 뜻입니다. 붓다와 여래는 좀 다릅니다. 이 세상에 붓다는 많이 나왔습니다. 심지어 빠쩨까 붓다(벽지불)도 붓다입니다. 그러나 여래라고는 부르지 않습니다. 또 육조 혜능, 마조도일 등 선사가 많이 나왔지만 여래라고는 부르지 않습니다. 그 이유는 붓다 중에서도 중생 제도를 위해서 수많은 연을 맺고 일부러 오신 분을 여래라 부릅니다.

붓다는 여래가 가지고 있는 열 가지 덕성, 즉 여래 십호 가운데 하나에 해당됩니다. 여래 십호란 응공, 정변지, 명행족, 선서, 세간해, 무상사, 조어장부, 천인사, 불, 세존입니다. 여기서 '불佛'은 붓다Buddha를 음역하여 쓴 것으로, 깨달음을 얻은 이를 뜻합니다. 깨달았다는 것은 여래가 가지고 있는 열 가지 덕성 중 한 가지에 불과합니다.

우리는 붓다가 전부인 줄 알지만 붓다보다 더 좋은 칭호가 여래입니다. 산스크리트 어로 여如 자는 '타타tatha', 래來 자는 '가타gata', '타타가타tathāgata'란 '(진리) 그 자체로 다가오신 분'이라는 뜻입니다. 예전에 '타타타'라는 노래가 있었는데, 그 말도 여기서 따 온 것입니다.

붓다는 그냥 깨달으신 분을 뜻합니다. 깨닫고 나서 올 수도 있고, 오지 않을 수도 있습니다.

부처님도 보리수 아래에서 깨닫고 나서 중생에게 가야 하나 고민하셨습니다. 중생들은 눈높이가 없습니다. 중생들이 바라는 것은 깨달음이 아닙니다. 물론 간혹 깨달음을 구하는 이도 있지만, 중생들 대다수가 어떻게 하면 잘 먹고 잘살까 하는 생각에 빠져 있거든요. 어떻게 하면 좀 더 부자가 되고, 좀 더 아이들이 잘되고, 남편이 잘되나, 이런 쪽에 초점이 맞춰 있습니다. 그래서 고민하신 것입니다. 지금 깨달으려고 생각도 하지 않는 사람들에게 가서 얘기해 봐야 뭐하겠어요. 비방이나 하지 않으면 다행입니다. 그나마 그냥 가만히 있으면 괜찮을 텐데, 비방을 하면 오히려 업을 짓게 만드는 것이니 그것도 문제입니다.

그때 범천이 내려와서 부처님께 간청합니다.

"부처님, 법륜을 굴려 주십시오. 중생들 가운데는 전혀 근기가 없는 사람도 있지만, 간혹 부처님의 말씀을 들으면 깨달음을 얻는 중생도 있습니다. 그런 중생들을 위해서라도 법을 설해 주십시오."

그래서 붓다로 끝날 수 있었는데 천신이 권청하는 바람에 이와 같이 오셨습니다. 타타가타, 여래가 된 것입니다.

부처님께서 오시지 않았다면, 우리는 여전히 육도윤회에서 벗어날 기약이 없습니다. 잘해 봐야 천당에 태어나는 것이 최고인 줄 알고 살 뻔했습니다. 천당에 태어나도 역시 기한이 되면 자기 복이 다해서 다시 또 떨어집니다. 다만 인간 세상보다 수명이 길기 때문에 도리천은 인간 세상의 백 년이 하루이고, 도솔천은 인간 세상의 사백 년이 하루입니다. 여기서 백 년 살다 가면 도솔천에서는 여섯 시간 지난 셈입니다. 우리가 보기에는 무한히 긴 것처럼 보이지만 그곳도 역시 기한이 있습니다. 막상 그곳에 가서 살면 또 우리와 똑같은 것입니다.

그래서 '여래'란 참 귀한 말입니다. 석가여래 다음에 오는 여래는 미륵존여래입니다. 미륵존여래가 오시기 전까지는 아무리 깨달은 사람이 많이 와도 깨달은 분이지 여래라고는 부르지 않습니다.

'무소착無所著'이란 착(집착)하는 바가 없다는 뜻입니다. 애착하게 되면 머물러야 합니다. 머무른다는 것은 진리의 세계에서 멀어진다는 의미입니다. 진리는 제행무상, 모든 것은 변합니다. 그리하여 애착하는 바가 없다고 해서 부처님을 무소착이라고 부릅니다.

'지진至眞'이란 지극한 진리를 뜻합니다. 지존至尊이라는 말을 많이 쓰는데, 지극한 진리의 통달자를 말합니다.

'등정각等正覺'이란 무상정등정각無上正等正覺, 위없이 바르고 공정한 깨달음을 의미합니다.

'샤카무니'는 샤카 족의 성인이란 뜻입니다.

위 게송과 관련된 이야기로, 디빵까라 부처님께 수기를 받은 청년 수메다의 일화입니다.

디빵까라를 한문으로 음역해서 연등이라 합니다. 부처님도 과거 생에 바로 석가모니 되기 전에는 신이었고, 신이 되기 전에는 인간이었습니다. 수메다라는 인간이었지요.

청년 수메다는 사람들이 부자거나 가난하거나 누구든 늙고 병들고 죽는다는 것을 알고 어떻게 하면 현실에서 벗어날 수 있을까 고민했습니다.

어느 날 어떤 성에 갔더니 무슨 경사가 났는지 거리를 청소하고 손님 맞을 준비를 하느라 한창이었습니다. 그래서 수메다가 사람들에게 물었습니다.

"무슨 일이 있습니까? 누가 옵니까?"

"오늘 디빵까라 부처님이 우리 성으로 오신답니다."

"부처님이라고요? 부처님이 누구입니까?"

수메다가 묻자 사람들이 말했습니다.

"부처님은 완전한 지혜와 덕을 성취하신 분이에요."

"위대한 스승이고 승리의 길잡이입니다."

"생로병사의 고통에서 벗어나신 분이랍니다."

그 말을 듣고 수메다가 깜짝 놀라 물었습니다.

"아니, 그런 분이 진짜 있습니까?

그렇다면 나도 그분을 만나 뵙고 공양을 올려야겠군요.

그분에게 무엇을 공양해야 합니까?"

"부처님은 오직 꽃과 향만 받습니다."

수메다는 꽃을 사러 다녔습니다. 그러나 그 성에는 이미 소문이 나서 꽃이 다 팔리고 없었습니다. 수메다는 꽃을 구하지 못하고 헤매다가 어떤 여자가 푸른 연꽃 일곱 송이를 들고 가는 것을 발견했습니다.

수메다는 그 여자에게 다가가 부탁했습니다.

"저에게 그 꽃을 파십시오."

"이것은 대왕님께 바칠 꽃이라 팔 수 없습니다."

"그러지 말고 제가 은전 오백 냥을 드릴 테니, 부디 저에게 파십시오."

사실은 은전 다섯 냥 어치도 되지 않는데, 청년이 가지고 있는 재산을 다 준다고 하니까 여자의 마음이 바뀌었습니다.

"일곱 송이 가운데 다섯 송이를 드리겠습니다. 그런데 조건이 있습니다. 이 두 송이는 제 이름으로 부처님께 공양 올려 주시고, 오백 냥은 받지 않겠습니다. 그 대신 다음 생에 제가 당신의 아내가 되게 해주십시오."

여자는 이름이 고삐라고 했습니다. 고삐는 수메다가 마음에 들었는지 계속 말했습니다.

"당신의 눈동자는 빛나고, 목소리는 구성지고 또렷하군요. 그리고 다섯 송이 꽃을 사기 위해서 은전 오백 냥을 아끼지 않는 것을 보면 당신은 보통사람이 아니에요."

첫째 눈동자에 반하고, 둘째 목소리에 반하고, 셋째 마음가짐에 반했던 것입니다.

수메다는 고삐의 조건을 들어주기로 약속하고 연꽃 일곱 송이를 받아 부처님께 갔습니다.

그러고는 다섯 송이 연꽃을 부처님께 던지며 말했습니다.

"저도 부처님처럼 되게 하소서. 혼자만의 평화는 바라지 않습니다. 눈길과 발길이 닿는 곳마다 고통과 공포가 사라져 모든 이들이 행복을 누리게 하소서. 하늘 아래 모든 세계에서 중생을 건질 수 있는 지혜와 공덕을 갖추게 하소서."

그리고 나머지 두 송이를 고삐의 이름으로 바치며 말했습니다.

"고삐라는 여인이 세세생생 제 아내가 되게 하소서."

그렇게 수메다가 부처님께 연꽃을 바치자, 일순간 정적이 돌았습니다.

수메다는 많은 사람들이 자기를 쳐다보고 있어서 깜짝 놀랐습니다.

푸른 연꽃 다섯 송이가 부처님의 어깨 위에 우산처럼 펼쳐지고, 두 송이는 어깨에 드리워져 공중에 둥둥 떠 있었습니다.

그때 디빵까라 부처님께서 수메다에게 말씀하셨습니다.

"놀라지 마라. 그대는 과거 생에 수많은 지혜와 복덕을 쌓은 사람이다. 그래서 이런 일이 일어난 것이다. 과거 생에 수없이 쌓은 복덕과 지혜가 이런 상서로운 풍경을 더해 주었다."

수메다가 감격해서 절을 하는데, 땅이 질척거렸습니다. 그래서 얼른 옷을 벗어서 땅을 덮었으나 진흙이 또 남았습니다. 수메다는 자기의 삼단 같은 머리털을 풀어서 진흙에다 쫙 깔고 말했습니다.

"부처님, 이것을 밟고 지나가소서."

그러자 부처님께서 환한 미소를 지으며 말씀하셨습니다. 바로 이 게송입니다.

백겁의 세월이 흐른 뒤
그대는 사바세계에서
여래, 무소착, 지진, 등정각이 되어
샤카무니라 불릴 것이다.

"앞으로 언젠가 부처가 될 것이다." 이렇게 기약을 주는 것을 수기授記라고 합니다.

『법화경』에 보면 부처님께서 수기를 내립니다. 십대 제자, 오백 나한, 천이백오십 아라한, 그 자리에 모인 대중 전체에게 수기를 내립니다. 그래서 모든 사람들이 나중에 다 부처가 됩니다. 여러분도 이다음에 모두 부처가 될 것입니다. 부처님께서 여러분 모두 부처 만들기로 원을 세우셨기 때문에 여러분 중에 부처 되지 않을 분이 없습니다.

수메다는 그 자리에서 수기를 받고 그다음에 천상 세계에 태어납니다. 뚜시따 천(도솔천)에 가서 세따께뚜 천신으로 있습니다. 산스크리트어로 도솔천이 뚜시따 천입니다. '뚜시따'라는 말은 지족, 만족을 안다는 뜻입니다. 그래서 지족천知足天이라고도 합니다.

세따께뚜(호명 보살) 천신으로 도솔천 내원궁에 있는데, 천신들이 와서 간청합니다.

"이제 붓다가 될 때가 되었습니다. 얼른 인간 세계로 강림하셔서 붓다가 되어 주소서. 그리하여 많은 중생들을 제도해 주소서."

천신들의 간청을 듣고 세따께뚜 천신은 어느 나라에, 누구에게 태어날 것인가를 조사합니다. 중생들은 어디에서 누구에게 태어날지를 모르지만, 원생을 사는 사람들은 신이나 사람이나 자기가 선택합니다. 언제 어디로 갈 것인가, 부모도 선택하여 나의 어머니가 될 사람에 대하여 자격 심사를 합니다.

그리하여 지금의 인도, 카필라국에 마야 부인의 태로 들어옵니다.

뚜시따 천의 세따께뚜 천신이 인간 세계로 내려오다

저 코끼리 뚜시따 하늘에서
신이 내려와 모태에 드니
그 어머니 모든 근심 여의고
허영심 나지 아니하네.

- 『붓다차리타』, 김달진 역, 문학동네

『붓다차리타』는 1~2세기경 마명 보살이 지은 책입니다. '붓다차리타'는 불소행찬佛所行讚, 부처님의 행한 바를 찬탄한다는 뜻입니다. 산스크리트 어로는 전반부만 남아 있고, 한역은 전체가 그대로 보존되어 있다고 합니다.

세따께뚜 천신이 인간 세계로 강림하여 어머니의 태에 들 때, 마야 부인이 꿈을 꿨습니다. 어느 날 마야 부인이 누워 있는데 뿔이 여섯 개 달린 흰 코끼리가 옆구리로 해서 태로 들어오는 태몽을 꾼 것입니다.

"이것은 아주 상서로운 꿈입니다. 전륜성왕을 잉태할 꿈입니다."

신하가 이렇게 해몽을 해주었습니다.

그래서 게송에 '저 코끼리'라고 표현한 것이지요. 세따께뚜 천신이 내려와서 모태에 들었으니, 불교는 무신론이 아닙니다. 신의 존재를 인정합니다.

신이 내려와 어머니의 태에 들어가니, 어머니는 아이가 들어선 순간부터 마음이 편안해지고 허영심이 나지 않았습니다.

태 안에 어떤 아이가 들었느냐에 따라서 어머니에게 영향이 갑니다.

복이 많은 애가 생기면 좋은 일이 자꾸 생기고, 박복한 애가 생기면 좋지 않은 영향을 끼칩니다.

부처님 당시에 물라시리라는 큰 부자가 있었습니다. 물라시리는 몹시 인색하여 재물을 창고에 쟁여만 놓았지 남에게 베풀 줄 몰랐습니다. 또한 진짜 귀중한 보물은 세 개의 항아리에 담아서 아무도 모르게 땅에 묻어 놓고 자식한테도 알려 주지 않았습니다. 그러던 어느 날 갑자기 물라시리가 죽은 것입니다.

물라시리는 죽고 나서 거지 여인의 태로 들어갔습니다. 그런데 그 순간부터 이 거지 여인이 아무리 구걸을 해도 먹을 게 생기지 않았습니다. 박복한 아이가 들어와 어머니한테 영향을 끼친 것입니다.

그 거지 여인만 그러한 게 아니라 그 여인이 같이 살고 있는 오백 명이나 되는 거지 집단이 이상하게 하나같이 재수가 없고 동냥도 되지 않았습니다. 거지도 자기가 얻어먹을 복분이 있어야 얻어먹을 수 있습니다. 일종의 거지 복입니다.

그때 거지 대장이 판단했습니다.

"이것은 분명히 박복한 놈이 대중 가운데 들어온 거야. 가려내서 추방해야 된다."

박복한 사람을 가려내기 위해 방법을 찾았습니다. 500명을 반으로 쪼개서 250명씩 두 팀으로 나누어 각기 다른 마을로 구걸을 나갔습니다. 그러다 보니 동냥이 잘되는 팀과 안 되는 팀이 있었습니다. 그러면 동냥이 안 되는 팀을 다시 반으로 나누어 125명씩 각기 다른 마을로 나갔습니다. 그런 식으로 동냥이 안 되는 팀을 계속 찾다 보니, 마침내 그 여인이 지목된 것입니다. 그 여인이 아이를 임신하고부터 재수가 없다는 것을 알아내고 추방했습니다.

추방당한 여인은 쓰레기통을 뒤져가면서 겨우 연명하여 아이를 낳았습니다. 역시 아이와 다니면 재수가 없고 동냥도 되지 않았습니다. 왜 거지 중에도 괜히 주고 싶은 거지가 있고, 아주 싫은 거지가 있잖아요. 자기가 가진 복분입니다. 어떤 스님은 말하지 않아도 막 갖다 주고 싶고, 어떤 스님은 가져오라 해도 주기 싫은 경우가 있습니다. 그것도 역시 복분입니다. 세간사는 무조건 복분으로 이루어집니다.

결국 아이가 어느 정도 자라자, 각자 살길을 찾아 헤어졌습니다. 아이는 이리저리 구걸하며 다니다가 과거 생의 자기 집 앞까지 오게 되었습니다. 문이 열려 있는 것을 보고 얻어먹을 게 없나 하고 들여다보다가 마당에서 놀던 그 집의 아들과 눈이 마주쳤습니다. 물라시리에게는 손자가 되지요. 손자는 몰골이 추하고 몹시 지저분한 거지를 보고 놀라서 자지러지게 울었습니다. 그러자 집주인, 전생의 아들이 나와서 하인들에게 거지를 두들겨 패서 내쫓으라고 했습니다.

그때 마침 그 옆을 지나시던 부처님께서 그 모습을 목격하고 불렀습니다.

"저 사람이 누구인 줄 아십니까?"

"모릅니다. 생전 처음 보는 거지입니다."

"저 아이가 바로 돌아가신 당신 아버지입니다."

집주인은 깜짝 놀라 말했습니다.

"믿을 수 없습니다. 무슨 증거라도 있습니까? 아무리 부처님 말씀이라 해도 믿지 못하겠습니다."

"그럼 저 아이한테 집을 둘러보라고 하십시오."

그러면서 부처님께서 아이에게 말씀하셨습니다.

"네가 과거 생에 묻어 놓았던 보물 항아리가 어디 있는지 알겠느냐? 보물 항아리를 찾아보아라."

아이가 집을 둘러보자, 전생의 기억이 떠올랐습니다. 진짜 귀중한 보물을 숨겨 놓은 곳은 자기만 알고 있었거든요. 아이는 곧바로 세 개의 보물 항아리를 찾아냈다고 합니다. 부처님 말씀이 맞았던 것입니다.

베푸는 마음을 연습하지 않고 재물을 쓰지도 못하고 죽으면 내생에는 거지가 됩니다. 자기가 가진 것을 적당히 좋은 일에 써야 합니다. 그것이 내생을 준비하는 길입니다.

룸비니 동산에서 태어나 사방을 관찰하며 선포하다

이 생을 부처의 생으로 한다.
가장 마지막 삶이 될 것이다.
나는 오직 이 생에서
마땅히 일체를 건져야 한다.

―『붓다차리타』, 김달진 역, 문학동네

마야 부인은 붓다를 잉태한 지 열 달 만에, 그 당시의 관습에 따라 아이를 낳으러 친정집으로 길을 떠났습니다. 가다가 도중에 룸비니 동산에서 쉬었습니다.

부처님 탄생일에 대해 조금 차이가 있습니다. 북방 불교에서는 사월 초파일로 되어 있고, 남방 불교 기록에는 사월 보름날로 되어 있습니다. 따뜻한 봄날인 것은 공통입니다.

마야 부인이 룸비니 동산에서 잠시 쉬다가 애를 낳았습니다. 무수(살라나무)라고 하는 나무를 붙잡고 옆구리에서 애가 나왔습니다. 어머니가 산통을 느끼지 않게 하기 위하여 옆구리로 나왔다고 합니다.

룸비니 동산에서 태어나 일곱 걸음을 걸으면서 사방을 관찰하고 선포한 것이 위 게송입니다.

여기서 "가장 마지막 삶이 될 것이다."라고 한 것은 윤회에서 벗어났기 때문에 마지막 삶이라는 것입니다. 더 이상 천상에도 태어나지 않고, 인간으로도 태어나지 않는 마지막 삶, 불생不生, 아라한입니다. 왜냐하면 태어나면 반드시 늙고 병들고 죽기 때문에 고통이 따릅니다. 그래서 태어나지 않는 것이 최상입니다.

그러므로 이 마지막 생에서 일체의 중생, 일체의 번뇌를 다 건져야 한다고 선서를 합니다.

여덟 명의 바라문이 싯다르타라고 이름 짓다

여덟 명의 바라문이 이름을 지어 주기 위해 아이의 관상과 상호를 바라보았습니다. 그러고는 다음과 같이 말했습니다.

세속에 남아 있으면

전륜성왕이 될 것이고
출가하면 붓다가 되어
뭇 중생을 제도할 것입니다.

-『법구경 이야기』, 무념·응진 역, 옛길

이 게송과 함께 '싯다르타'라고 이름을 지었습니다. 싯다르타는 '목적을 성취한 이'라는 뜻입니다. 앞에서 "마땅히 일체를 건져야 한다."라고 선포했듯이, 이런 목적을 성취하는 자란 의미입니다.

전륜성왕은 '바퀴를 굴리는 성스러운 왕'을 뜻합니다. 모든 왕 중에서도 가장 위대한 왕을 말합니다. 전륜성왕이 될 것인지, 붓다가 될 것인지는 본인이 정하는 것입니다.

'아싯타'라고 그 나라에서 가장 지혜롭고 존경받는 최고의 선인이 있었습니다. 왕은 아싯타 선인에게 싯다르타 태자를 보여 주었습니다.

"우리 아이의 관상을 좀 봐 주십시오."

아싯타 선인이 태자를 보고는 눈물을 흘리며 울었습니다.

깜짝 놀란 왕이 불길한 마음으로 물었습니다.

"아, 무슨 불길한 징조라도 있습니까?

아이가 혹시 일찍 죽을 운명입니까?"

"그게 아닙니다. 이 아이는 붓다가 될 것입니다. 그런데 내가 이미 늙어서 붓다가 된 모습을 볼 수 없는 게 너무 한스러울 뿐입니다. 그래서 우는 것입니다."

아싯타 선인은 자기 제자에게 이렇게 말했다고 합니다.

"그분은 꼭 붓다가 되실 것이다. 그분을 따라가거라."

지금까지 부처님의 과거 생부터 출생까지 게송으로 이야기해 보았습니다.

다음은 수메다가 디빵까라 부처님으로부터 수기를 받고 나서 그 희열을 주체할 수 없어서 읊은 게송입니다. 이런 게송을 읊고 부처님이 되신 것이지요.

부처님은 두 말씀 하지 않으시네.
승리자는 빈 말씀 하지 않으시네.
부처님에게 거짓이란 없으니
나는 반드시 붓다가 되리라.
허공에 던져진 흙덩이가 땅으로 떨어지듯
나는 반드시 붓다가 되리라.
짙은 어둠이 끝나면 태양이 솟아오르듯
나는 반드시 붓다가 되리라.
깊은 잠에서 깨어난 사자가 포효하듯
나는 반드시 붓다가 되리라.
짊어진 무거운 짐을 벗어 버리듯
나는 반드시 붓다가 되리라.

-『부처님의 생애』, 조계종 출판사

특강 4

**수계식
의식문**

'수계'라는 것은 말 그대로 '계를 받는다'는 말입니다. 불교에 입문했어도 아직 수계를 받지 않았으면 진정한 부처님의 제자가 아닙니다. 수계를 받아야 정식으로 입문한 것입니다.

수계식 의식문에는 불교의 인과법과 삼보 등 가장 근본적인 가르침이 들어 있습니다. 이제 처음으로 계를 받는 사람들을 위해서 설하는 게송이기 때문에 불교의 핵심 개념이 잘 갈무리되어 있습니다.

불교를 믿는다는 것은 인과법을 믿는 것입니다. 불교는 눈에 보이지 않는 신을 믿는 것이 아닙니다. 인과법은 눈에 보이는 것이지요. "콩 심은 데 콩 나고, 팥 심은 데 팥 난다." 하고 인과를 믿는 사람이 불교를 믿는 것입니다.

그런데 이 세상에는 인과를 믿지 않는 사람도 많습니다. "콩을 심건 팥을 심건 무엇이 날지는 신에게 달려 있다." 이것은 인과를 믿지 않는 것입니다. 이런 사고방식을 가지고 있는 한 아무리 그 조직에서 최고로 뛰어난 사람일지라도 수다원과를 얻을 수 없습니다. 왜냐하면 첫 단추에서 어긋났기 때문입니다. 첫 단추가 인과를 믿는 것입니다.

모든 현상에는 원인이 있다네.
여래께서는 그 원인에 대해 설하신다네.
원인이 소멸한 결과에 대해서도
여래께서는 또한 설하신다네.

부처님의 최초 다섯 제자 가운데 한 명인 앗사지 존자가 사리뿌뜨라에게 전해 준 게송입니다.

사리뿌뜨라는 원래 다른 종교의 지도자였습니다. 진리를 찾아 헤매다가 스승을 만나 공부를 했습니다. 그래서 그 조직에서는 최고의 단계에 올라갔지만, 그럼에도 불구하고 뭔가 가슴 한구석이 허전했습니다.

그러던 어느 날 사리뿌뜨라는 우연히 길거리에서 앗사지 존자의 모습을 보고는 감탄했습니다. 정신을 걸음걸이에 집중하고 위엄 있게 걸어가는 앗사지 존자의 모습에서 어떤 힘이 느껴진 것입니다.

사리뿌뜨라는 앗사지 존자를 쫓아가서 물었습니다.

"당신의 스승은 누구십니까?"

앗사지 존자가 말했습니다.

"저의 스승은 샤카무니 붓다입니다."

샤카무니 붓다란 '샤카 족의 성인으로 깨달으신 분'이란 의미입니다.

"그럼 그분은 무엇을 설하십니까?"

하고 사리뿌뜨라가 묻자, 앗사지 존자가 위의 게송으로 답한 것입니다.

모든 현상에는 원인이 있습니다. 그 원인을 잘 파악해야 그 현상이 해결되는데, 원인은 생각하지 않고 주로 결과만 놓고 따지니까 고통이 소멸되지 않습니다.

예를 들어, 지금 중동 지방에서 테러가 일어나고 있습니다. 테러가 일어나는 원인을 찾아서 해결해야 합니다. 그런데 원인 분석은 하지 않고 다 같이 테러를 응징해야 한다며 빈 라덴을 죽였습니다. 그러니까 더 큰 조직 IS(극단 이슬람 무장 세력)가 생겨났습니다. 지금 IS를 없앤다고 해도 또 다른 테러 조직이 생겨날 것입니다.

테러 조직이 계속 생기는 것을 막으려면 원인을 찾아내서 없애야 합니다. 눈에 보이는 현상만 가지고 응징하려 들지 말고, 그보다 앞서 '저 사람들이 왜 폭력적인 방법을 썼을까?' 그 원인을 생각해야 합니다.

TV에서 프랑스 파리 테러 사건에 관한 뉴스를 본 적이 있습니다. 화면에 테러 주동자들의 사진이 나오는데 너무 순박해 보여서 깜짝 놀랐습니다. 자폭 테러범들이니 얼굴도 흉악하게 생겼을 줄 알았거든요. 사실 순박하지 않으면 그런 짓 하지 못합니다. 잡힐 것을 뻔히 알면서 총을 난사하고 자기 목숨을 바쳐서 폭탄을 터트리는 짓을 누가 하겠어요? 흉악하거나 자기 이익을 챙기는 자들은 절대 자폭 테러를 하지 않습니다.

자폭 테러범들은 서구에서 보면 물론 테러범이지만 이슬람에서 보면 살신성인입니다. 우리나라로 따지면 안중근 열사, 이준 열사 같은 사람입니다. 일본에서는 테러범이라고 해서 처형했지요. 이와 마찬가지로 이슬람에서 보자면 폭탄 테러 주동자들이 열사입니다.

어찌 됐든 테러에 대한 응징도 필요하겠지만, 그보다 더 중요한 해결책은 원인을 분석하는 것입니다. 서방의 독선적인 내지는 불평등한 정책이 없었는지 원인을 찾아내어 해결하지 않으면 계속 악순환이 반복될 것입니다.

나의 고통에는 원인이 있다네.
그 고통의 원인은 내가 있기 때문이라네.
내가 사라진다면 고통 또한 사라지네.
내가 사라지는 비결은 팔정도에 있다네.

이것이 사성제四聖諦, 팔정도八正道가 맞물린 게송입니다. 나의 고통에는 원인이 있습니다. 내가 있기 때문에 내 고통이 있는 것입니다. 고통이 소멸되려면 내가 소멸되어야 합니다. 내가 소멸되려면 관찰해야 합니다.

'월호라고 하는 육근의 무더기가 태어났구나.'
'월호라고 하는 육근의 무더기가 늙어가는구나.'
'월호라고 하는 육근의 무더기가 죽어가는구나.'
'월호라고 하는 육근의 무더기가 화를 내는구나.'

이런 식으로 나를 분리해서 강 건너 불구경하듯이 볼 수 있는 관찰력을 키워야 무아법에 접근할 수 있습니다.

코살라국에 '말리까'라는 왕비가 있었습니다. 부처님의 법문을 듣고 말리까 왕비가 질문을 했습니다.
"세존이시여, 어떤 사람은 예쁘게 태어나고 어떤 사람은 못생기게 태어나는데, 그것은 왜 그러합니까? 또 어떤 사람은 부유하게 태어나고 어떤 사람은 가난하게 태어나는데, 그것은 왜 그러합니까? 또 어떤 사람은 고귀한 가문에 태어나고 어떤 사람은 천박한 가문에 태어나는데, 그것은 왜 그러합니까?"

인도에는 카스트라는 엄격한 신분 제도가 있습니다. 가장 높은 성직자 계급인 브라만, 왕을 비롯하여 정치와 군사에 관한 일을 하는 귀족 계급인 크샤트리아, 농사를 짓거나 장사를 하는 평민 계급인 바이샤, 정복당한 다른 민족이나 노예인 수드라, 이렇게 사성 계급이 있습니다. 여기에 사성 계급에도 끼지 못하는 최하층민인 불가촉천민이 있지요.

말리까 왕비의 질문에 부처님께서 이 게송을 읊어 주셨습니다.

세상의 모든 일은 모두 각자의 행동에 따라 과보를 받는 것이다.
화를 잘 내는 이는 얼굴이 추하게 된다.
욕심이 많고 베풀기 싫어하면 가난하게 태어난다.
남이 잘되는 것을 시기 질투하면 비천하게 된다.

세상의 모든 일은 신이 주는 것도 아니고, 부처님이 해주는 것도 아닙니다. 자작자수自作自受, 자기 행동에 따라서 자기의 과보를 받는다고 합니다.

전생에든 금생에든 화를 잘 내면 얼굴이 추하게 된다고 합니다. 거울로 자기가 성질내고 있는 얼굴을 한번 보세요. 결코 아름다워 보이지 않을 것입니다. 거울 앞에 서서 방긋 웃어 보세요. 예쁘게 보일 것입니다.

욕심이 많고 베풀기 싫어하면 가난하게 태어난다고 합니다. 베푸는 마음은 넉넉한 마음이기 때문에 베푸는 마음을 연습하면 부자가 되는 것입니다.

남이 잘되는 것을 시기 질투하는 마음은 고귀한 마음이 아닙니다. 천박한 마음입니다. 천박한 마음을 연습하면 천박하게 되고, 또 부유하지 않은 마음을 연습하면 가난하게 됩니다.

이렇듯 모든 일이 인과응보입니다. 자기가 지어서 자기가 받게 되어 있지요.

부처님의 말씀을 듣고 말리까 왕비는 세 가지 서원을 했습니다.

"세존이시여, 저는 앞으로 절대 화내지 않도록 하겠습니다.

보시도 더욱더 많이 하겠습니다.

또한 다른 사람이 잘되는 것도 시기 질투하지 않겠습니다."

경전에 보면 사실 말리까 왕비는 별로 예쁘지 않았다고 합니다. 왕비가 되기 전에는 이름이 까삐라였고, 야즈냐닷타라는 귀족의 집에서 정원 가꾸는 일을 하는 하녀였습니다.

어느 날 까삐라는 도시락을 싸 들고 정원 일을 하러 가다가 도중에 탁발을 나가는 수행자를 만났습니다.

'잘되었다. 내가 보시할 음식이 있었을 때는 탁발하는 스님이 없었고, 탁발하는 스님을 만났을 때는 보시할 음식이 없었는데, 오늘은 마침 보시할 음식도 있고 탁발하러 나온 스님도 있으니. 오늘은 내가 보시를 해야겠구나.'

하고 까삐라는 자기의 도시락을 탁발 나온 스님에게 바치고 일터로 갔습니다.

보시 공덕을 짓고 기분이 좋아진 까뻐라는 휘파람을 불면서 정원의 꽃들을 가꾸고 있었습니다. 그때 어떤 남자가 몹시 지친 모습으로 정원 안에 들어왔습니다. 까뻐라는 그 남자가 편히 쉴 수 있도록 자기 웃옷을 벗어 땅바닥에 깔고 자리를 마련해 주었습니다. 그러고는 그에게 땀을 닦으라고 수건을 갖다 주고, 마실 물을 떠다 주고, 심지어 발 씻을 물까지 가져와서 발도 씻어 주었습니다. 그 남자는 자기가 말도 하기 전에 척척 알아서 친절을 베풀어 주는 까뻐라의 배려에 감동을 받았습니다.

그런데 나중에 알고 보니 그 사람이 빠세나디 왕이었던 것입니다. 왕이 신하들과 사냥을 나왔는데 정신없이 사냥감을 쫓다가 일행과 헤어지게 되었고, 홀로 이리저리 헤매다가 우연히 그 집 정원으로 들어섰던 것입니다. 뒤늦게 신하들이 찾아와 왕이란 사실을 알게 되었습니다.

빠세나디 왕은 까뻐라를 궁으로 데리고 들어와 이름을 '말리까'로 바꾸었습니다. 말리까는 왕비로 발탁되었는데, 그것도 첫째 왕비가 되었습니다.

그 후 말리까 왕비는 부처님의 법문을 듣고 자기가 과거 생에 얼마나 화를 냈으면 이렇게 못생겼을까 하고 세 가지 서원을 한 것입니다.

'하겠습니다.' 하고 끝나는 것이 서원입니다. '해주세요.' 하고 끝나는 것은 구걸입니다. 구걸은 이제 그만! 앞으로 서원하세요.

보현행원품 보현보살의 십대 행원을 보면, 열 가지 원을 세웠는데 모두 '하겠습니다.'로 끝납니다. '해주세요.'라는 말은 한마디도 없습니다.

부처님을 찬탄하겠습니다.
부처님께 공양하겠습니다.
중생을 수순하겠습니다.

이처럼 불교는 '하겠습니다.' 종교입니다. 왜? 자작자수이니까요. 자기가 지어서 자기가 받는 것이 불교의 본래 정신입니다.

저는 진실로 붓다와 담마와 상가에 귀의합니다.
아울러서 평생토록 살생과 도둑질과 사음과 거짓말을 하지 않으며 술을 절제할 것을 맹세합니다.

붓다佛 · 담마法 · 상가僧 삼보에 귀의하고, 오계를 잘 지키는 것, 이것이 가장 핵심 사상입니다.

살생과 도둑질과 사음과 거짓말을 하지 않는 것, 이 네 가지가 사실은 우리가 지켜야 할 계율입니다. 술을 마시는 것 자체가 계율을 범하는 것은 아닙니다. 술을 마시게 되면 지혜가 얕아지고, 이 네 가지를 범하게 될 확률이 높기 때문에 술을 마시지 못하게 하는 것입니다.

평생 하지 않던 도둑질도 술김에 할 수 있습니다. 평상시에는 용기가 없어 못하는 것도 술을 먹으면 용기가 나서 하거든요.

이와 관련하여 인도에 유명한 일화가 있습니다.

어떤 남자가 갑자기 술이 생겨 자기 집에서 낮술을 마시고 있었습니다.

낮술은 더 취한다고 하지요. 낮술 먹고 취하면 애비도 알아보지 못한다고 합니다. 그것이 과학적으로 일리가 있습니다. 왜냐하면 밤에는 모든 기운이 가라앉습니다. 그래서 밤에 술을 마시면 술기운이 올라와도 모든 기운이 가라앉기 때문에 술기운을 적당히 눌러준다고 합니다. 그런데 모든 기운이 들뜨는 낮에 술을 마시면 술기운까지 들떠서 더 올라온다는 것입니다.

남자가 낮술을 마시고 잔뜩 취해 있는데, 슬그머니 옆집의 닭이 넘어왔습니다. 남자네 집 마당으로 먹이를 찾아서 온 것입니다. 평소 같으면 닭이 왔나 보다 하는데, 술 마시고 취하니까 닭이 안주로 보였습니다.

"너 마침 잘 왔다. 안주감이 떨어졌는데 잘되었구나."

하고 바로 닭을 잡아 안주로 먹고 있었습니다.

그때 닭을 찾으러 옆집 여인이 와서 말했습니다.

"혹시 여기에 우리 닭이 넘어오지 않았어요?"

"아니요, 닭이 넘어온 적이 없는데…."

그때였습니다. 평상시에는 옆집 여인이 예뻐 보이지 않았는데, 그날따라 왜 이리 예뻐 보이는 걸까요? 남자는 술에 취하니까 갑자기 욕심이 났습니다. 그래서 옆집 여인을 범하고 말았지요.

보통 때 같으면 저지르지 않았을 텐데 술을 마셨기 때문에 일어난 일들입니다.

첫 번째, 살생을 했습니다. 닭 잡아 죽였으니까요.

두 번째, 도둑질을 했습니다. 남의 닭을 훔쳤으니까요.

세 번째, 사음을 했습니다. 옆집 여인을 범했으니까요.

네 번째, 거짓말을 했습니다. 닭이 자기 집으로 넘어오지 않았다고 말했으니까요.

한꺼번에 살생, 투도, 사음, 망어, 네 가지를 다 저지르고 말았습니다. 그래서 술을 절제하라는 것입니다.

다음은 연비燃臂 의식입니다. 연비라는 것은 태울 연燃 자, 팔 비臂 자, 팔을 태운다는 소리로, 향을 팔뚝 위에 올려놓고 태우는 의식입니다. 쑥으로 삼각형 모양의 심지를 만든 향을 팔뚝 위에 올려놓고 심지에 불을 붙이면 타들어 가는데, 쑥뜸 뜨는 것과 비슷합니다. 심지가 다 타면 살짝 따끔합니다. 그 순간에 나의 과거 생의 모든 죄업이 딱 소멸됩니다.

연비 의식 때는 다음 게송과 참회 진언을 읊습니다. 『천수경』에 나오는 게송입니다.

백겁적집죄百劫積集罪
일념돈탕진一念頓蕩盡
여화분고초如火焚枯草
멸진무유여滅盡無有餘

백겁 동안 쌓아 온 죄가
한 생각에 문득 탕진되어

마치 마른풀 더미에 불붙인 것 같아서
소멸이 다하여 남김이 없어지네.

다음은 그 이유를 이야기한 게송입니다.

죄무자성종심기罪無自性從心起
심약멸시죄역망心若滅是罪亦忘
죄망심멸양구공罪忘心滅兩俱空
시즉명위진참회是則名爲眞懺悔

죄에는 원래 자성이 없어 마음 따라 일어났을 뿐이니
마음이 만약 소멸하면 죄 또한 사라진다.
죄도 사라지고 마음도 소멸해서 둘 다 텅 비어 버리면
이것이 곧 이름 하여 진정한 참회라네.

불교에서의 참회와 다른 종교에서의 회개는 다릅니다. 다른 종교에서는 "회개하세요." 하면, 내가 신에게 "하느님, 제가 잘못했습니다. 용서해 주세요." 합니다. 그러면 "회개되었노라." 이런 식입니다. 나라는 존재가 따로 있고, 신이라는 존재가 따로 있고, 어떤 중간에서 신부님이 고해성사 들어주고 용서해 주는 과정이 있습니다.

불교에서의 진정한 참회는 본래 공한 것입니다. 존재가 공한 것이라서 존재의 죄가 있을 수 없습니다. 내가 없어지면 죄 또한 사라지는 것입니다. 그것이 바로 죄망심멸양구공 시즉명위진참회라는 말입니다.

이 게송과 관련하여 이야기가 있습니다.

어떤 수행자 둘이 산속에 들어가 수행에 전념해 보자고 의기투합 했습니다.

"우리 한번 제대로 수행해 봅시다. 대중에서 수행하려니까 불편한 점이 많아요. 잠자기 싫어도 잠자야 하고, 탁발 가기 싫어도 나가야 하고, 공부할 시간이 별로 없습니다. 우리 함께 산속에 들어가서 다부지게 마음먹고 수행해 봅시다."

이렇게 두 수행자는 좋은 마음을 일으켜서 깊은 산 동굴 속으로 들어갔습니다.

그런데 수행에 전념하는 동안 먹을 것이 필요했습니다. 그래서 한 수행자의 여동생이 먹을 것을 가져다주기 위해 바리바리 챙겨 들고 오빠가 있는 산속으로 길을 떠났습니다. 여동생은 도중에 소나기를 만나는 바람에 옷이 흠뻑 젖은 채 동굴에 도착했습니다.

오빠는 잠깐 근처에 나가고 없고 동굴에는 오빠 친구만 있었습니다. 여동생은 젖은 옷을 말리려고 불을 지폈습니다. 불을 보면 사람 마음이 따뜻해지는 법입니다. 게다가 여동생의 옷이 젖었으니 몸매가 드러났지요. 불은 활활 타오르지, 동굴 속에는 둘밖에 없지, 분위기가 무르익어 일이 벌어지고 만 것입니다.

얼마 뒤 오빠가 돌아와 보니까 분위기가 심상치 않았습니다. 눈치를 챈 오빠는 여동생을 추궁했습니다.

"너, 우리가 수행하는 데 와서 도대체 무슨 짓을 한 거야."

여동생은 겁이 나서 뒤로 물러났습니다. 오빠가 추궁하면서 자꾸 쫓아오니까 여동생이 뒤로뒤로 물러나다가 미처 절벽을 보지 못하고 떨어져 죽었습니다.

두 수행자는 너무 놀라 부둥켜안고 울었습니다.

"아, 이 일을 어찌하면 좋습니까? 수행자로서 가장 중요한 계율인 음행과 살생, 두 가지를 다 저질렀으니 큰일 났습니다. 우리는 이제 가망이 없습니다."

서로 부여잡고 울다가 한 수행자가 말했습니다.

"그래도 혹시 모르니까 어떻게 하면 이 난국을 헤쳐 나갈 수 있을지 물어봅시다."

두 수행자는 계율제일인 우바리 존자를 찾아가 사정을 말하고 물었습니다.

"일이 이리 됐는데, 우리는 앞으로 어떻게 해야 합니까?"

우바리 존자가 말했습니다.

"저 보리 씨앗을 가져다가 펄펄 끓는 물에 삶아 보아라. 그런 다음 씨앗을 심으면 보리가 나오겠느냐?"

비유를 들어 말한 것입니다. 곡식의 종자를 펄펄 끓는 물에 삶았는데, 땅에 심는다고 곡식이 나올 리 없지요. 둘은 이제 끝났으니, 앞으로 깨달음은 기대하지도 말라는 말입니다.

두 수행자가 낙심천만해서 앉아 있는데, 그때 유마 거사가 옆을 지나갔습니다.

유마 거사는 평소에 열심히 공부하던 두 스님이 낙심해 있는 것을 보고 그냥 지나치지 못했습니다.

"스님들, 무슨 일 있으세요? 왜 그러십니까?"

두 수행자는 유마 거사에게 자초지종을 설명하고 나서, 우바리 존자가 해준 말을 들려주었습니다.

그때 유마 거사가 읊어 준 게송이 바로 이것입니다.

"너무 낙심하지 마십시오. 백겁 동안 쌓인 죄도 한 생각에 홀로 문득 소탕해서 없어질 수 있습니다. 마치 마른풀 더미 위에 불을 붙인 것 같아서 다 소멸하여 깡그리 없앨 수 있습니다. 지금 두 스님이 죄를 짓고 어떻게 참회해야 하나 고민하고 있는데, 죄라는 것은 원래 자성이 없어 마음 따라 일어납니다. 그러니까 마음이 만약 소멸하면 죄 또한 소멸하는 것입니다. 그래서 죄도 소멸하고 마음도 소멸해서 둘 다 텅 비어 버리면 이것이 진정한 참회입니다."

이 말을 듣고 두 수행자는 진정한 참회를 했습니다. 그다음 용기를 내어 수행해서 마침내 아라한과를 얻었다고 합니다.

게송에 담긴 이야기를 알고 나니까, 게송이 멋있어 보이지 않나요? 아는 만큼 보입니다. 얼마나 희망을 주는 게송입니까?

과거 생을 돌이켜 보면, 과거 생에 수많은 살생, 투도, 사음, 망어를 하지 않은 사람이 없습니다. 여러분도 마찬가지이고, 나도 마찬가지입니다.

열심히 수행하는 비구들이 있었습니다. 부처님 곁에서 수행해서 숙명통이 열렸지요. 숙명통은 과거 생, 금생, 내생을 다 알 수 있는 신통력입니다. 비구들이 자신의 과거 생을 돌이켜보고는 이렇게 말했습니다.

"야, 이거 숙명통이 열리지 않는 것이 좋을 뻔했구나. 괜히 열렸다."

살인자, 강도, 사음한 자 등 자기가 욕했던 사람들이 많은데, 과거 생에 자기는 그보다 더 심했습니다. 수행을 열심히 한 적도 있지만, 그렇지 않은 때도 많았던 것입니다.

실지로 우리는 엄청나게 많은 생을 살았기 때문에 수없는 잘못을 하지 않은 사람이 없습니다.

연비할 때는 장궤합장을 하고 계속 참회 진언을 외웁니다. 장궤합장을 하는 방법은 두 무릎을 꿇은 자세에서 엉덩이를 세운 다음, 무릎에서 머리까지 일직선이 되도록 허리를 곧추세우고, 두 손은 합장을 합니다.

참회 진언

옴 살바못자 모지 사다야 사바하
옴 살바못자 모지 사다야 사바하
옴 살바못자 모지 사다야 사바하

이제 연비를 마쳤습니다. 따끔하게 느껴진 한순간, 나의 번뇌업장도 함께 타 버렸습니다. 진실한 참회를 마쳤으니, 청정한 몸과 마음으로 붓다와 담마와 상가에 귀의토록 하겠습니다. 모두 자리에서 일어나 목탁소리에 맞추어 삼보께 지극한 마음으로 절을 하며 삼귀의를 하겠습니다.

삼귀의

거룩한 부처님께 귀의합니다.
부처님 이외에 어떠한 외도에게도 귀의하지 않겠습니다.
거룩한 가르침에 귀의합니다.
부처님 가르침 이외에 어떠한 외도의 가르침에도 귀의하지 않겠습니다.
거룩한 스님들께 귀의합니다.
부처님 제자 이외에 어떠한 외도의 제자에게도 귀의하지 않겠습니다.

삼보에게 귀의하는 것을 '삼귀의'라 합니다. 삼보란 세 가지 보배, 붓다·담마·상가를 말합니다. 귀의한다는 것은 '돌아가 의지한다.'는 뜻입니다. 그냥 의지하는 것은 나와 남이 분리되어 있는 것입니다. '신에게 의지한다.' 이것이 분리되어 있는 것입니다. '신에게 귀의한다.'는 말은 쓰지 않습니다.

귀의한다는 말은 심오한 말입니다. 본래 나에게서 나왔다는 말입니다. 붓다·담마·상가가 내 안에 다 갖춰져 있는데, 삼보가 본래 자리에서 나왔으니 돌아가 의지한다는 말이지요. 그래서 사람이 죽으면 '돌아가셨다.'라고 합니다. 본래 자리로 돌아가셨다는 의미입니다.

그렇다면 붓다·담마·상가가 어떤 것이기에 귀의하는 것일까요? 삼보에 대한 명상을 보면 잘 알 수 있습니다.

붓다에 대한 명상

부처님께서는
공양을 받을 만한 분이시며
바르게 모두 아는 분이시며
지혜와 실천을 구족하신 분이시며
피안으로 잘 가신 분이시며
세상을 잘 아는 분이시며
가장 높은 분이시며
사람을 잘 길들이는 분이시며
신과 인간의 스승이시며
깨달으신 분이시며
가장 존귀하신 분이시다.

이것이 부처님의 열 가지 특징입니다. 부처님께서는 공양을 올리면 거기에 상응합니다. 그 이상으로 대가가 오기 때문에 공양을 받을 만한 분입니다. 바르게 깨달으신 분이란 실지실견悉知悉見, 모두 알고 모두 보시는 분입니다. 지혜와 실천을 구족하신 분이란 모두 갖추었다는 뜻입니다.

피안으로 잘 가신 분이란 니르바나(열반) 세계에 잘 가신 분이란 뜻입니다. 세상을 잘 아는 분이란 세간해世間解, 우리의 일에 대해서도 잘 알고 계시는 분입니다. 가장 높은 분이란 인간 세계뿐만 아니라 신들의 세계까지 통틀어서 가장 높은 분입니다. 사람을 잘 길들이는 분이란 조어장부調御丈夫, 모든 이를 잘 조절하고 제어하여 깨달음에 이르게 하는 분입니다.

부처님은 인간의 스승인 것은 당연하지만 신들의 스승이기도 합니다. 신들도 부처님께 와서 법문을 듣고 환희심을 냅니다. 그런 분들을 모신 것이 신중단입니다. 세상의 진리를 제대로 깨달으신 분입니다. 온 세계를 통틀어서 가장 존귀하신 분입니다. 이와 같이 붓다에 대한 명상에는 부처님이 어떤 분인지 잘 나타나 있습니다.

<u>담마에 대한 명상</u>

  법은 부처님에 의해
  잘 설해졌고
  <u>스스로 보아 알 수 있고</u>
  시간이 걸리지 않고
  와서 보라는 것이고
  항상으로 인도하고
  지혜로운 자들이
  <u>스스로 알 수 있는 것이다.</u>

담마法는 부처님의 가르침입니다. 부처님에 의해 잘 설해졌습니다.

모든 현상에는 원인이 있다네.
여래께서는 그 원인에 대해서 설하신다네.

원인이 소멸한 결과에 대해서도
여래께서는 또한 설하신다네.

이것이 부처님께서 설하신 인과법입니다. "콩 심은 데 콩 나고 팥 심은 데 팥 난다." 그래서 스스로 보아 알 수 있다는 말입니다. 시간이 걸리지 않는다는 것은 말 그대로 육근의 무더기로 관찰하는 데 오래 걸리지 않습니다. '월호라는 육근의 무더기가 화를 내고 있구나.' 이런 식으로 관찰하면 되니까요.

직접 와서 보라고 합니다. "무조건 믿어라. 믿고 봐라." 이렇게 말하지 않습니다. 와서 보라는 것과 무조건 믿으라는 얘기는 다릅니다. 직접 보고 체험하라고 합니다.

부처님의 가르침은 향상으로 인도합니다. 요즘 리더십을 많이 강조하는데, 부처님은 리더를 만드는 리더입니다. 사람들을 그 단계에 머물러 있게 하지 않고 계속 발전시키려고 합니다. 수다원, 사다함, 아나함, 아라한, 보살, 그래서 궁극적으로는 본인과 똑같은 붓다로 만드는 것입니다. 이것이 바로 향상으로 인도한다는 것입니다.

향상으로 인도하는 것은 굉장한 자신감의 표현이고 매우 중요합니다. 많은 종교에서 향상으로 잘 인도하지 않습니다. 향상으로 인도하면 다루기 어려워지니까요. 무지몽매한 중생일수록 다루기 쉬운 법입니다. "무조건 믿으세요. 신이 다 알아서 해줍니다. 믿습니까?", "믿습니다!" 그러면 얼마나 다루기가 쉬운가요?

신도들에게 그냥 기도나 열심히 하면 소원 성취된다고 해야 보시도 잘하고 말도 잘 듣는다고 합니다. 제대로 좀 가르쳐 놓으면 자각 현상이 생겨서 따지고 들고 보시도 잘하지 않는다는 말이지요. 일리 있는 말입니다. 여러분이 자꾸 향상할수록 제가 더 향상되어야 합니다. 그렇지 않으면 제 말을 듣지 않습니다. 저와 같아지니까요. 그러니까 그냥 그 수준에 머물러 있는 것이 다루기 편한 것입니다.

민중들도 교육을 받으면 데모합니다. 학습 받고 깨어 있는 사람이 데모도 하는 것이지, 교육도 받지 않고 뉴스에 어두운 사람은 무지해서 데모도 하지 않습니다. 그래서 독재자는 민중들이 무지몽매할수록 좋아하고 교육시키는 것을 두려워합니다.

신도들을 향상시키는 절을 다녀야 합니다. 맨날 기도만 시키면 향상될까요? 대부분의 절이 기도만 하고 있습니다. 그나마 서울에 있는 큰절에서는 신도 교육을 하고 있는데, 시골에 있는 절에는 교육이 거의 없습니다. 절에 와서 기도만 하고 가면 절대 향상할 수 없습니다. 교육을 해야 향상됩니다.

제가 불교 방송을 하다 보면 많이 들어오는 질문이 있습니다.

"스님, 어떤 절에 다녀야 합니까?"

저는 이렇게 답변합니다.

"교육을 시켜 주는 절에 다니세요. 기도만 하는 절에는 다니지 마세요. 기도만 하는 절에 다니면 향상이 없습니다. 절에 다닌 지 1년 된 사람이나 10년 된 사람이나 30년 된 사람이나 똑같습니다. 절에 가서 기도만 하고 오니까요.

그래서 절을 선택할 때는, 첫째 가까운 절에 다니세요. 둘째 반드시 교육 수행을 지도해 주는 절에 다니세요. 그래야 진전이 있습니다. 가까이에 그런 절이 없으면 먼 데라도 다녀야 합니다."

법法이 향상으로 인도한다는 것은 정말 중요한 가르침입니다. 정신분석학자 프로이트가 말하기를, "기독교는 사람들을 유아기에 머물게 한다."라고 했습니다. 발전시키지 않는다는 말입니다. "모든 것은 다 엄마 아빠가 할 테니까, 너는 엄마 아빠가 시키는 대로 하면 된다.", "네. 엄마 아빠." 이처럼 독생자를 보내서 너희를 우리가 이렇게 사랑하는데, 내가 시키는 대로 하면 된다는 것입니다. 신이 알아서 다 해줄 테니까 시키는 대로 하라는 것은 사람들의 사고 수준을 유아기에 머물게 하는 것입니다.

법은 지혜로운 자들이 스스로 알 수 있는 것이라고 합니다.

<u>상가에 대한 명상</u>

붓다의 제자들인 상가는
도를 잘 닦고
붓다의 제자들인 상가는
바르게 도를 닦고
붓다의 제자들인 상가는
참되게 도를 닦고
붓다의 제자들인 상가는
합당하게 도를 닦으니
곧 네 쌍의 수행자들이요
여덟 단계에 있는 사람들이다.
이러한 붓다의 제자들인 상가는

공양 받아 마땅하고
선사 받아 마땅하고
보시 받아 마땅하고
합장 받아 마땅하며
세상의 위없는 복전이다.

　네 쌍의 수행자들이란 수다원향向 수다원과果, 사다함향向 사다함과果, 아나함향向 아나함과果, 아라한향向 아라한과果를 말합니다. 향向은 향해서 지금 가고 있다는 의미로, 아직 이루지 못한 것이고, 과果는 얻었다는 의미입니다. 따라서 수다원향向은 수다원을 향해서 지금 가고 있으며 아직 수다원을 이루지 못한 것이고, 수다원과果는 수다원을 얻었다는 뜻입니다.
　수다원은 성인聖人의 흐름에 들어온 것으로, 입류入流, 예류預流라고 합니다. 수다원에 들어와서 진정한 수행자가 되었다는 말입니다. 그러나 이제 시작했기 때문에 인간과 천상 세계를 일곱 번 왔다 갔다 해야 해탈을 마치고 아라한에 이르게 됩니다. 그만큼 공부를 더 해야 합니다. 수다원 세계에만 들어도 죽으면 바로 천상 세계에 태어납니다. 지옥, 아귀, 축생에는 가지 않고 죽어서 곧바로 천상, 그다음 인간, 다시 천상, 그다음 인간, 이렇게 일곱 번 왔다 갔다 하는 것을 칠왕래라 합니다.
　사다함은 한 번만 천상 세계에 갔다가 인간 세계에 와서 공부하면 끝입니다. 일왕래라 합니다.
　아나함은 아예 돌아오지 않는다 하여 불환不還이라고 합니다. 천상에 가서 거기서 끝입니다. 그래서 아나함을 불환과라고 합니다.

아라한은 금생에 마치고 불생不生, 더 이상 태어나지 않습니다.

우리가 이 세상에 태어난 것은 공부할 거리가 남아 있기 때문입니다. 체험 학습의 교재로 이 몸을 받은 것입니다. 그래서 공부가 될수록 공부할 거리가 적어집니다. 공부가 덜 될수록 많이 자주 왔다 갔다 해야 하고, 공부가 좀 되면 한 번만 왔다 가면 됩니다. 거기서 더 익으면 한 번 가서 다시는 오지 않습니다. 아라한까지 익으면 이제 갈 필요 없이 금생으로 끝입니다. 불생 또는 무학無學, 배울 게 더 이상 없습니다.

이렇게 해서 4쌍 8배, 네 쌍의 수행자들이요, 여덟 단계에 있는 수행자들입니다. 금생에 여러분은 반드시 수다원과를 얻어야 합니다.

위와 같은 과위를 얻은 사람을 복전이라고 합니다. 똑같은 복 밭이지만 자갈밭, 중간 밭, 기름진 밭처럼 밭에도 종류가 있습니다. 자갈밭에도 씨를 뿌리면 나오긴 나오는데 소출이 적습니다. 중간 밭은 그다음으로 많고, 기름진 밭은 소출이 아주 많습니다. 그것처럼 불법승 삼보에 보시를 하면 결과가 풍성해서 복전이라고 합니다.

이제 삼귀의를 마쳤으니 오계를 받습니다.

<u>오계</u>

살생을 하지 않으면 수명이 길어시며
도둑질하지 않으면 재물이 풍족해지며
사음하지 않으면 존경을 받을 것이며
거짓말하지 않으면 믿고 따를 것이며

술 마시지 않으면 지혜를 얻을 것이다.

이것도 역시 인과법입니다. 오계를 받는 것은 오계를 믿겠다는 의미입니다.

우리가 살생을 하지 않고 방생을 하겠다고 하면 수명이 저절로 길어집니다. 생명을 존중하니까요. 훔치지 않고 보시하겠다고 하면 재물이 풍족해집니다. 또 삿된 음행을 하지 않으면 존경을 받습니다.

어떤 사람이 거짓말을 밥 먹듯이 하면서 절이나 교회에 일주일에 한 번씩 가서 부처님께 또는 신에게 기도합니다.

'사람들이 제 말을 다 믿고 따르게 해주십시오.'

하고 열심히 기도하면 사람들이 믿고 따를까요? 처음에는 거짓말을 해도 좀 믿겠지요. 그러나 거짓말이 거듭되면 나중에는 절대 믿지 않습니다. 그래서 거짓말을 하면 자기가 그대로 받습니다. 그러므로 따라 해 보세요.

건강하게 오래 살려면 살생하지 말고 방생하라.
부유해지려면 훔치지 말고 베풀어라.
존경받으려면 사음하지 말고 수행하라.
남들이 믿고 따르게 하려면 거짓말하지 말고 진실을 말해라.
지혜로워지려면 술을 절제하고 정신을 맑게 하라.

여기에 우리가 원하는 바가 모두 들어 있습니다. 건강해지고, 부유해지고, 존경받고, 내 말을 믿고, 또 지혜로워지는 다섯 가지 방법입니다.
앞으로 이것을 믿고 따르겠다고 서원합니다.

저에게도 계를 설해 주십시오.
제 목숨이 끊어지는 날까지 받들어 지키겠습니다. (3회)

그다음에 오계를 잘 지킬 것을 다짐합니다.

잘 지키겠습니까?
잘 지키겠습니다.

마지막으로, 스님이 하는 대로 따라서 합니다.

앞으로 저는 부처님의 진정한 제자가 되겠습니다. (3회)

이렇게 해서 수계식이 끝납니다.

에필로그

나는 지금이 딱 좋아

며칠 전 방송국에서 피디, 작가와 함께 이야기를 하다가 '만약 과거로 돌아갈 수 있다면, 몇 살로 가고 싶은가?'라는 질문을 하게 되었다. 피디는 지금도 젊지만 더 젊은 시절로 가고 싶다고 했고, 작가는 머뭇거리고 있었다.

피디가 나에게 되물었다.

"스님은 몇 살로 가고 싶은가요?"

내가 서슴없이 대답했다.

"나는 지금이 딱 좋아!"

물론 몸뚱이는 예전 같지 않다. 십여 년 전만 해도 지리산 국사암에서 불일폭포까지 운동 삼아 뛰어다니곤 했다. 2박 3일이 걸린다는 지리산 종주도 하루 이틀 만에 어렵지 않게 해내곤 했다. 심지어 설악산 봉정암도 당일 코스로 수월하게 오르내리곤 했다. 하지만 지난달 봉정암을 1박 2일로 다녀오면서 다리가 후들거렸다. 무릎 관절이 시원치 않아 사뭇 걱정이 앞섰는데 무사히 다녀온 것만도 천만다행이었다. 최근에는 겨울도 아닌 감기를 심하게 앓았다. 목이 잠기고 기침이 자꾸 나와 할 수 없이 약을 꾸준히 복용했더니 멍하니 온몸에 기운이 하나도 없었다.

전법도량을 몸소 만들어 운영 관리하자니 신경 쓸 일이 한두 가지가 아니다. 강의와 법회는 기본이고 각종 기도와 템플스테이, 성지 순례를 비롯해 도량을 유지 관리하기 위한 온갖 불사와 잡다한 일들이 줄지어 있다. 더욱 어려운 것은 다양한 부류의 사람들을 상대해야 하는 일이다. 별의별 사람이 다 있기 때문이다. 나아가 매일하는 방송과 외부 강연 및 달라이라마 방한 추진회를 비롯한 각 관련 단체의 회의와 업무도 적지 않다. 그런 와중에 책까지 써내려니 거의 매주가 월 화 수 목 금 금 금이다. 그럼에도 불구하고 지금이 딱 좋다고?

학창 시절 암벽 등반을 즐긴 때가 있었다. 요사이는 장비도 좋아지고 레포츠가 발달하여 남녀노소가 쉽게 암벽이나 빙벽 등반을 즐기지만, 당시에는 장비도 열악하고 아직 보편화되지 않아서인지 사고도 많았다. 땀 흘려 바위 꼭대기를 오르다 문득 까마득한 산 아래 성냥갑 같은 집과 차를 내려다보며, '내가 오늘 여기서 떨어져 죽으면, 요즘 내가 안고 있는 근심 걱정이 모두 부질없겠구나!' 하고 느꼈다. 그럼 마음이 상당히 가벼워지곤 했다. 그 맛에 위험을 감수하고 암벽 등반을 다닌 것이 아닐까?

지금이 딱 좋다는 것도 마찬가지다. 육체와 정신 그리고 모든 상황이 딱 좋다는 것이 아니다. 과거로 돌아가서 다시 산다고 해도, 지금까지 살아온 것보다 더 열심히 살 수는 없다는 것이다. 물론 그동안 살아오면서 많은 허물과 실수가 있었지만, 그야말로 최선을 다해서 치열하게 살아왔기 때문에 후회는 없다. 그리고 그 이상 많은 성과를 얻었다고 자부한다. 절실한 마음공부의 계기가 된 삶과 죽음에 대한 의문도 풀렸다. 훌륭한 선지식들에게 많은 가르침도 배웠다. 현대 학문과 전통 수행법, 그리고 다양한 체험을 원 없이 하였다. 그래서 당장 죽는다 해도 여한은 없다.

중생은 영생永生하고, 나한은 불생不生이며, 보살은 원생願生한다. 불교에서 영생과 부활은 모든 중생들이 하는 것이며, 결코 축하할 만한 좋은 것이 아니다. 예컨대 지옥중생은 뜨거운 물에 삶아져 죽더라도 금방 부활해서 반복해가면서 끊임없이 고통을 받아야 한다. 지옥에서 완전히 죽어서 다른 곳에 태어날 때까지 그 고통은 계속된다. 그야말로 죽지 않고 부활해서 큰 문제인 것이다.

아라한은 다시 태어나지 않는다. 태어남은 고통을 수반한다. 나의 고통은 내가 있기 때문이다. 그러므로 모든 고통이 사라지려면 내가 사라져야 한다. 이것이 무아법에 통달해야 하는 까닭이다.

무아법에 밝으려면 네 가지로 관찰하세.
몸에 대해 몸을 보고 느낌 대해 느낌 보고
마음 대해 마음 보고 법에 대해 법을 보세.
거울 보듯 영화 보듯 강 건너 불구경하듯
대면해서 관찰하되 닉네임을 붙여 하세.

몸뚱이는 생로병사生老病死하고, 마음은 생주이멸生住異滅한다. 이 몸과 마음의 변화하는 현상에 닉네임을 붙여 닉네임의 생로병사로 관찰하고, 닉네임의 생주이멸로 관찰한다. 나는 관찰자의 입장이 되어 다만 지켜볼 뿐! 그렇게 연습하다 보면 몸과 마음은 진짜가 아니며, 관찰자가 진짜 나라는 것을 깨달을 수 있다. 평상시에는 '마하반야바라밀'을 구념심행口念心行하며, 시시때때로 밀려오는 번뇌는 대면 관찰한다. 마하는 '큼'이요, 반야는 '밝음'이며, 바라밀은 '충만함'이다. 마하반야바라밀이 '나'요, 내가 '마하반야바라밀'이다. 나는 본래 크고 밝고 충만하다.

그럼 이제 보살도를 닦을 준비 완료다. 태어나지 않을 수도 있지만 자원해서 태어나는 단계. 이것은 업생業生이 아니라, 원생願生이다. 학생으로 배우러 오는 것이 아니라, 선생으로 가르치러 온다고 하는 것이다. 원하는 몸으로 원하는 장소와 시간에 태어나서 중생들에게 도움을 주니, 그야말로 최상의 행복이다.

행복은 소유를 분자로 하고, 욕망을 분모로 한다. 사람들은 소유가 늘어나면 기뻐한다. 소유를 늘리려면 복을 닦아야 하고 복 닦기의 첫째는 보시이다. 무언가를 베푸는 것은 그 자체로 기쁨을 안겨주기도 한다. 아울러 더 많은 돈, 더 좋은 자동차, 더 넓고 비싼 집은 일시적 기쁨을 안겨준다. 하지만 궁극은 아니다.

이보다 더 좋은 방법은 욕망을 줄이는 것이다. 욕망을 줄이려면 도를 닦아야 하고, 도 닦기의 첫째는 대면 관찰이다. 대면 관찰을 꾸준히 하다 보면 욕심과 분노가 줄어들고 희열과 행복이 늘어난다. 결국 무아법에 통달하여 분모가 0이 되면 행복은 무한대가 되는 것이다. 바로 지금 여기에서 몸과 마음을 관찰하자. 그리고 아는 만큼 전하고 가진 만큼 베풀자. 전할수록 알게 되고, 베풀수록 갖게 된다.

독자 여러분이 부디 복 닦기 도 닦기를 잘하여 금생에도 행복하고 내생에는 도솔천에서 다시 만나기를 그리고 또 그린다.

당신이 행복입니다

ⓒ월호, 2017

2017년 7월 14일 초판 1쇄 발행
2025년 3월 17일 초판 6쇄 발행

지은이 월호
발행인 박상근(至弘) • 편집인 류지호 • 편집이사 양동민
편집 김재호, 양민호, 김소영, 최호승, 정유리 • 디자인 쿠담디자인 • 일러스트 라나킴
제작 김명환 • 마케팅 김대현, 김대우, 이선호, 류지수 • 관리 윤정안
콘텐츠국 유권준, 김희준
펴낸 곳 불광출판사 (03169) 서울시 종로구 사직로10길 17 인왕빌딩 301호
　　　대표전화 02) 420-3200 편집부 02) 420-3300 팩시밀리 02) 420-3400
　　　출판등록 1979. 10. 10. (제300-2009-130호)

ISBN 978-89-7479-350-0 (03220)

값 17,000원

잘못된 책은 구입하신 서점에서 바꾸어 드립니다.
독자의 의견을 기다립니다. www.bulkwang.co.kr
불광출판사는 (주)불광미디어의 단행본 브랜드입니다.